Guy Lagache

Le cri de la forêt

Récit au cœur de la menace climatique

éditions du
ROCHER

Éditions du Rocher
28 rue Comte Félix-Gastaldi – BP 521 – 98015 Monaco

www.editionsdurocher.fr

ISBN : 978-2-268-11002-8
EAN Epub : 9782268110646

Le cri de la forêt

À Émilie
À Rose
À Romy

« Les longues avenues d'eau s'ouvraient devant nous et se refermaient sur notre passage, comme si la forêt eut enjambé tranquillement le fleuve pour nous barrer la voie du retour. Nous pénétrions de plus en plus profondément au cœur des ténèbres. »

Joseph Conrad, *Au cœur des ténèbres*

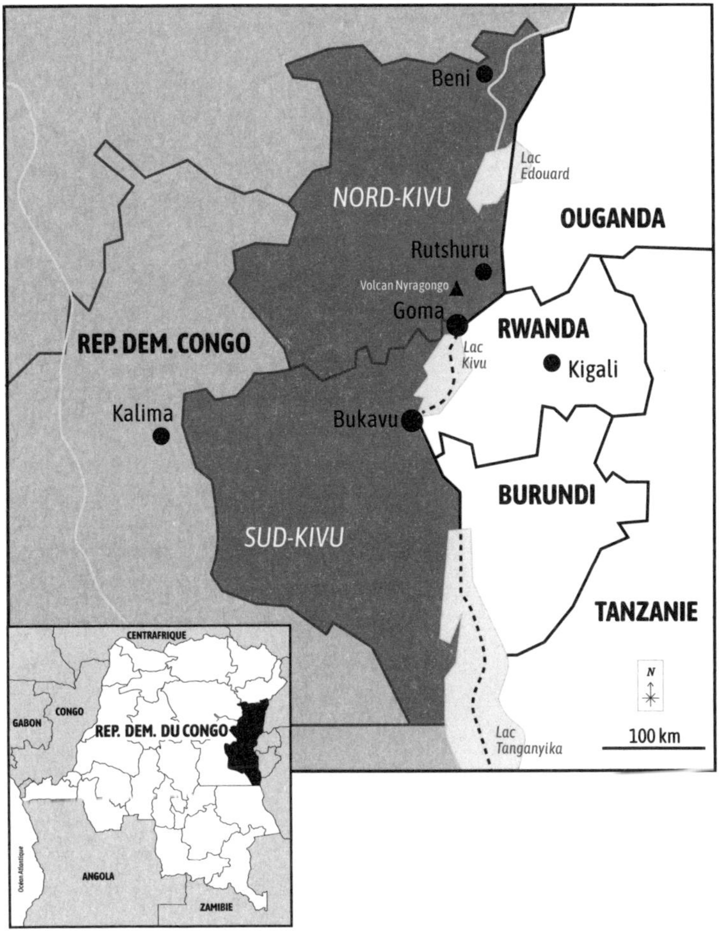
Beni
Lac
Edouard
NORD-KIVU
OUGANDA
Rutshuru
Volcan Nyragongo
Goma
RWANDA
REP. DEM. CONGO
Lac
Kivu
Kigali
Kalima
Bukavu
BURUNDI
SUD-KIVU
TANZANIE
CENTRAFRIQUE
N
GABON
CONGO
REP. DEM. DU CONGO
Lac
Tanganyika
100 km
ANGOLA
ZAMIBIE

Chapitre 1

Notre guide nous a dit que cela pouvait être dangereux et pourtant, depuis des heures que nous marchons, nous sommes seuls. Nous avançons en file indienne, à travers l'épais marécage qui s'étend à perte de vue. Un marais entièrement nu. Pas un arbre n'est visible autour de nous, pas le moindre signe de vie, hormis des souches un peu partout, et des essaims de moustiques volant au ras de la couche d'eau stagnante.

La zone humide est profonde. La marche, délicate. Une jambe après l'autre, j'avance péniblement, tel un automate, dans les traces des bottes en caoutchouc blanches de Cédric, notre guide qui, par endroits, s'enfonce jusqu'au genou dans la vase. Sous la chaleur grise et lourde de l'équateur, la sueur colle à la peau. C'est le début de la saison des pluies au Congo, mais il ne pleut pas ici. Ou plus exactement, il ne pleut plus. C'est ce que m'a expliqué Cédric avant de partir au petit matin. Il est midi et le soleil, au zénith, tape comme un sourd. Alors pour garder l'énergie nécessaire, je progresse en silence et ne cesse de m'interroger : nous marchons dans ce qui devrait être une des forêts les plus épaisses du monde – après l'Amazonie, la forêt tropicale du bassin du Congo n'est-elle pas surnommée le « deuxième poumon de la planète » ? Or ici au Kivu, dans cette vaste région forestière de la République démocratique du Congo qui borde le Rwanda et l'Ouganda, les plaines et les collines que nous traversons sont vides. Pelées, rasées, écorchées par de larges plaques brunes. Nous assistons au même spectacle depuis maintenant plus de trois heures. Les coupeurs de bois auraient-ils intégralement déforesté cette zone ? Si c'est le cas, autant rebrousser chemin. Ce que nous cherchons n'a manifestement plus lieu ici. Alors que je m'apprête à interpeller Cédric pour faire demi-tour, il s'arrête net.

— Guy, tu entends ?

En chuchotant, il me désigne une colline au loin, d'où nous parviennent des bruits sourds et réguliers.

— C'est une hache. Ils coupent des arbres, c'est certain. C'est là-bas que nous devons aller si tu veux les voir.

— Allons-y.

— Entendu, mais ils peuvent être armés. Il faut vraiment faire gaffe et suivre mes directives.

Guidés par les sons des haches, nous grimpons la colline dénudée. Les bruits que nous entendions vaguement au loin deviennent éclatants et lourds. Une fois au sommet, la vision est stupéfiante. Deux hommes abattent à la hache les deux derniers arbres de la zone. Autour d'eux ne subsistent plus que des souches et de larges troncs découpés et posés les uns sur les autres. Sous leurs frappes, une jungle vient ainsi de disparaître. En nous voyant, les deux hommes lèvent la tête et interrompent leur travail. Ils sont seuls et ne sont pas armés, Cédric me fait signe d'avancer. Nous nous approchons pour les aborder.

Guillaume me suit avec sa caméra. Nous échangeons un regard, j'entame une conversation avec les bûcherons.

— Puis-je vous poser quelques questions ?

Après la traduction de Cédric en swahili, ils hochent la tête en signe d'acquiescement. J'esquisse un sourire, puis je me lance en m'adressant à l'homme qui tient une machette et dont le t-shirt est à moitié déchiré.

— Vous en avez coupé beaucoup ?

— Oui, pas mal. Toutes les souches ici sont des arbres qu'on a coupés.

— Vous avez fait ça tout seuls ?

— Aujourd'hui on est seuls. Hier il y avait d'autres coupeurs. Nous, on est revenus parce qu'on n'avait pas fini.

— Pourquoi coupez-vous des arbres ?

— Ça nous permet de nous acheter de quoi manger.

— Ça rapporte combien de couper un arbre ?

— Un arbre rapporte 5 000 francs congolais.

Je me tourne vers Cédric d'un air interrogatif. Il me traduit immédiatement.

— 5 000 francs, c'est 2 dollars.

Je ne peux m'empêcher d'exprimer ma surprise. Détruire un arbre pour 2 dollars. C'est à ce prix dérisoire que disparaît la forêt, arbre après arbre, hectare après hectare.

Tous les jours, ici comme partout au Congo, les coupeurs de bois détruisent leur environnement immédiat. Cet environnement qui a fait vivre leurs ancêtres, qui nous fait *tous vivre*, et dont nous savons à présent qu'il est menacé.

Là où je suis, au Kivu, nous sommes au bord du précipice climatique. Et ce « nous » ne désigne pas une communauté spécifique, congolaise, lointaine, exotique, isolée. Ce « nous » englobe l'intégralité du bassin du Congo, la totalité de l'Afrique, le monde entier. Ce « nous » inclut aussi la France – vous et moi.

À ce moment précis, le temps bascule, s'accélère brutalement : surgissent les hommes du village d'où nous sommes partis il y a trois heures. Ils nous ont rattrapés et nous demandent d'arrêter de filmer, de rentrer au village. Je consulte Cédric du regard.

Il hoche gravement la tête mais reste très calme quand il me dit : « Ils ont des machettes. Il vaut mieux faire ce qu'ils demandent. »

Nous faisons demi-tour. La déforestation se poursuit en silence. Mon enquête ne fait que commencer.

Chapitre 2

Je n'imaginais pas ce qui m'attendait lorsque l'on m'a contacté.

Je n'avais pas remis les pieds sur le terrain depuis près de quatre ans, et comme tous les Français, je vivais confiné, au rythme des conférences de presse quotidiennes du ministre de la Santé, retransmises en direct sur les chaînes d'information en continu, conscient de l'énorme privilège d'avoir, avec ma femme et mes enfants, trouvé refuge dans une ravissante maison à colombages pour passer le printemps de l'année 2021 au fin fond de la Normandie.

Pouvoir profiter du charme et du silence de la campagne était une chance, en ces temps indécis, inimaginables quelques mois et même semaines plus tôt. Pourtant, j'étais ailleurs. Incapable de calmer l'anxiété nourrie par l'absence de perspectives professionnelles et économiques que posaient ces confinements à répétition.

J'avais quitté mon poste de directeur des antennes et de la stratégie éditoriale de Radio France moins de deux ans auparavant, alors que paraissait mon premier roman, et je voulais revenir à l'essentiel, à ma passion, ce pour quoi j'avais, adolescent, choisi mon métier.

Après trente ans de journalisme dans de grands groupes média, je comptais désormais poursuivre ma carrière en tant que documentariste et journaliste indépendant. Freelance. Sans attaches. Libre. Trois confinements coup sur coup : il n'y avait pas pire moment pour redémarrer de zéro. Passer mes journées sur mon ordinateur à rédiger et envoyer des projets aux chaînes de télévision ne servait manifestement à rien. Tout était bloqué, figé dans une époque nouvelle, régie par le télétravail, les rendez-vous sur plate-forme numérique, et l'isolement imposé par l'épidémie de Covid.

Après quinze jours de visioconférences et d'intenses travaux d'écriture partiellement vains, j'ai refermé mon ordinateur pour me concentrer sur ce qui m'est « essentiel » : ma femme, mes filles, dans la douceur du printemps, à la campagne.

Jusqu'à ce que le téléphone finisse par sonner deux mois plus tard.

— Guy, comment vas-tu ? Est-ce que tu es libre demain ?

— Heu…

Mon hésitation était ridicule. La vie à la campagne ne m'imposait rien d'autre que de profiter du moment présent. Évidemment j'étais libre.

Par politesse, à l'autre bout du sans-fil, Guillaume Roy a gentiment fait mine d'insister. Cela faisait deux ans qu'il se démenait – au nom de sa société Flair Production – pour qu'on puisse travailler ensemble sur un documentaire. Lui comme producteur, moi comme auteur-réalisateur.

— Ce serait vraiment bien que tu puisses te libérer en fin de matinée car j'ai un Zoom call prévu à 11 heures avec le patron d'Ushuaïa TV et je pense qu'il va te proposer quelque chose.

En cette période atone d'enfermement sanitaire, décrocher un rendez-vous de développement avec une chaîne était une prouesse. Il n'était pas question de faire la fine bouche.

— Évidemment, je serai là. Tu peux compter sur moi.

Sur l'écran de mon ordinateur, le lendemain, avec quelques minutes d'avance, j'ai vu les visages apparaître les uns après les autres, chacun de nous entonnant le même mot, de la façon la plus ronde, joviale et impersonnelle qui soit.

— Bonnnnjouuur!

Les codes de politesse en mode Zoom, que je m'appropriais aussi naturellement que tous les participants présents à la réunion, ressemblaient à s'y méprendre à la tonalité des personnages de *The Truman Show*, le film de Peter Weir.

— Bonnnnjouuur, je suis ravi de vous voir.

Avec Guillaume, nous étions sincèrement enthousiastes de rompre enfin avec l'inertie et la morosité.

De l'autre côté de l'écran, entouré de ses deux adjoints, Christophe Sommet, patron d'Ushuaïa TV et des chaînes thématiques du groupe TF1, esquissait lui aussi un large et franc sourire. Comme si cette rencontre par ordinateurs interposés était le signe que le monde sous cloche, auquel nous étions tous soumis depuis déjà plus d'un an, allait peut-être enfin laisser place à la vraie vie. C'est en tout cas en ces termes que Christophe Sommet a démarré la réunion.

— Bon, le confinement devrait se terminer d'ici trois semaines, mais on n'est encore sûrs de rien. Quoi qu'il en soit, on ne veut pas rester sans rien faire, les bras croisés. Donc on doit imaginer la suite et le moment où les frontières seront de nouveau ouvertes, où on pourra de nouveau partir tourner et produire du documentaire.

Très vite, il est allé droit au but.

— Guy, on n'a jamais travaillé ensemble, mais je sais que tu veux retourner sur le terrain. Est-ce que ça t'intéresserait de faire un documentaire pour nous ?

Ma réponse est sortie, du tac au tac :

— Absolument.

Je n'avais évidemment pas conscience de ce que me réservait la suite lorsque j'ai raccroché ce jour-là.

Mais j'y ai tout de suite vu l'opportunité de m'engager sur la question climatique, la question la plus importante à mes yeux pour l'avenir de l'humanité.

En 2010, alors que je présentais et m'occupais de *Capital* sur M6, j'avais créé, avec mes camarades Jean-Bernard Schmidt et Emmanuel Leclerc, l'une des premières séries documentaires d'investigation à la télévision décryptant l'impact de notre mode de vie sur la planète et le climat. Cette collection s'appelait « Capital Terre ». Elle avait à l'époque marqué les esprits car elle levait le voile sur le lien entre notre modèle de croissance – ce que l'on appelle communément l'activité humaine – et ses ravages sur les ressources de la Terre et le vivant, d'un bout à l'autre de la planète.

Mais aujourd'hui, presque douze ans plus tard, la question urgente se posait selon moi différemment. Il ne s'agissait plus seulement de faire connaître et d'expliquer les causes du changement climatique. Les Français étant de plus en plus informés sur le sujet, il était nécessaire d'aller plus loin et de traiter ce qui constitue à mes yeux une urgence absolue pour l'ensemble des citoyens : comment s'adapter à cette nouvelle réalité, un milieu hostile.

Au bout de quelques semaines de recherches, j'en suis venu à la réflexion suivante : là où en France, en ce printemps 2021, le dérèglement climatique commençait à se faire réellement sentir depuis seulement quelques années, certaines communautés à travers le monde, elles, vivaient de plein fouet – et ce, depuis déjà fort longtemps – les conséquences d'un climat devenu fou. Montée des océans submergeant les îles-États du Pacifique Sud ; fonte des glaces sur les plateaux de l'Himalaya modifiant l'équilibre de millions d'habitants au Népal, en Inde ou au Pakistan ; sécheresses extrêmes en Afrique subsaharienne privant des dizaines de millions d'habitants d'accès à l'eau. Les exemples sont nombreux et font évidemment froid dans le dos. En les examinant méthodiquement, ils m'ont amené à un questionnement simple, comme point de départ de ce que j'allais désormais explorer : comment ces communautés humaines en première ligne du réchauffement climatique vivent-elles et s'adaptent-elles au quotidien ? Qu'ont-elles à nous enseigner alors qu'en Occident, nous sommes tout juste en train de subir ce qu'elles ont déjà probablement intégré ? Et surtout, quelles solutions déploient-elles pour s'en sortir ?

Plutôt que me lancer dans l'aventure d'un seul documentaire, j'ai proposé à Guillaume de soumettre une idée à Christophe Sommet et son équipe : réaliser une collection de plusieurs films, chaque documentaire étant tourné dans un pays devant faire face à un enjeu climatique ou environnemental. Cette collection s'intitulerait « Terres d'urgence », titre soufflé par un ami.

— Et tu as une idée pour le premier film ?

La question avait fusé lorsque j'en avais parlé à Guillaume, enthousiasmé par le projet. Ma réponse fut immédiate :

— La forêt au Congo.

— Comment ça, la forêt au Congo ?

— C'est là que se produit la déforestation la plus grave après celle de l'Amazonie. On n'en parle jamais alors que le bassin du Congo est le deuxième « poumon vert » de la planète. Il est certes à cinq mille kilomètres de la France, mais on est tous concernés par ce gigantesque puits de carbone, parce que s'il disparaît, on va collectivement en subir les conséquences. Ce qui se passe là-bas, la vitesse à laquelle la forêt est détruite, est un véritable massacre. Il faut qu'on y aille. Il faut qu'on le montre !

Chapitre 3

La circulation est rarement bloquée à cet endroit, mais depuis une vingtaine de minutes nous sommes figés, pare-chocs contre pare-chocs, aux abords du Stade de France et des immeubles d'habitation en briques rouges que frôle l'autoroute A1. Ma crainte d'être en retard diminue peu à peu tandis que mon regard se perd vers l'intérieur des appartements surplombant la voie à seulement quelques mètres du passage des voitures.

— C'est un autre monde que vous regardez, monsieur.

Le chauffeur de taxi m'interpelle à travers son rétroviseur en me voyant médusé.

— Je passe devant ces immeubles plusieurs fois par jour pour aller déposer des clients à l'aéroport et à chaque fois je me demande comment ces pauvres gens parviennent à vivre dans de telles conditions, juste devant l'autoroute.

— C'est exactement ce que je me demandais aussi.

— Vous voyez, pas besoin d'aller au bout du monde pour voyager.

Je souris par politesse puis jette un œil sur l'horloge électronique qui s'affiche sur son tableau de bord tandis que le trafic se remet progressivement en marche. 19 h 45. Je me sens de nouveau gagné par l'impatience.

— Oui mais je n'ai pas le choix. Je ne peux pas me permettre de rater mon avion. Et l'enregistrement démarre dans quinze minutes. Ça va être jouable ?

— *No stress*, monsieur.

Il passe la seconde et s'élance sur l'autoroute. En voyant les panneaux « aéroport Charles-de-Gaulle » se succéder, je réalise que mon aventure devient enfin concrète et je ne peux m'empêcher de penser au chemin parcouru depuis la naissance du projet : les recherches, les contacts, les lieux envisagés depuis plus d'un an, l'accord de la chaîne pour notre départ. Et sur la route vers l'aéroport, j'avoue avoir bien du mal à imaginer ce qui m'attend et ce que je vais vivre sur le terrain.

Nous arrivons à Roissy à 20 heures, dans la lourdeur de l'air sous un ciel couvert de fin d'été. Le chauffeur de taxi actionne ses essuie-glaces pour chasser les quelques gouttes qui se mettent à tomber. Après une rapide manœuvre de stationnement, il se tourne vers moi et me tend son terminal de paiement en engageant de nouveau la conversation.

— Et alors, ou est-ce que vous allez comme ça ?

— Je pars pour Goma.

— Je ne connais pas. C'est où ?

— Au cœur de l'Afrique, en République démocratique du Congo.

— Pour les vacances ?

— Pas vraiment, non.

— Bon voyage alors.

— Merci monsieur, au revoir.

Je file dans l'aéroport muni de mon sac à dos rempli aux trois quarts, volontairement léger, afin de voyager facilement. Un périple d'un mois au cœur de l'humidité et de la chaleur de la forêt tropicale dans des conditions délicates m'a incité à un paquetage limité : trois t-shirts, deux chemises, deux treillis, des chaussures de marche, un épais sweat-shirt et un pull en laine, caleçons et chaussettes, une grosse trousse de toilette et de médicaments, un sac de couchage. Une paire de bottes en caoutchouc me sera nécessaire une fois sur place pour affronter la saison des pluies qui démarre dans la région. L'aléa météorologique, m'a-t-on dit, est à prendre au sérieux, même s'il semble accessoire au regard du chaos qui règne autour de Goma, dans la région du Nord-Kivu. Car au-delà de toute considération environnementale, le Nord-Kivu est classé parmi les lieux les plus dangereux d'Afrique. Dans cette province frontalière du Rwanda, à l'extrême est de la République démocratique du Congo, la guerre qui déchire la région depuis trente ans a déjà fait plus de six millions de morts. Un conflit ignoré et, pourtant, l'un des plus meurtriers qui soient depuis la Seconde Guerre mondiale.

Dans le hall de l'aéroport, je retrouve Guillaume Viart, cameraman et coréalisateur de ce projet. Malgré le volume important de son matériel – drone, caméra, objectifs, batteries – et de ses propres affaires, Guillaume a également emporté le strict nécessaire, le tout contenu dans deux sacs de voyage.

Alors que nous embarquons, une bonne nouvelle apparaît sur l'écran de contrôle au-dessus de la porte : l'Airbus A-350 d'Ethiopian Airlines, ce 1er septembre 2022, est à l'heure. Nous voilà partis pour un vol de nuit, avec une escale à Addis-Abeba.

J'éprouve une certaine impatience à l'idée de revoir Goma et de découvrir son aéroport. Il y a douze ans, la première fois que je m'y suis rendu, partir pour le Kivu relevait du périple. J'y avais passé quinze jours dans le cadre d'une enquête environnementale au long cours pour « Capital Terre ». À l'époque, il n'existait pas de liaison aérienne jusqu'à Goma. Il fallait prendre un vol pour Kigali, y louer une voiture, puis traverser le Rwanda afin de rejoindre la frontière avec le Congo et ainsi gagner Goma.

— *Chicken or pasta ?*

L'hôtesse me sort d'un coup de mes pensées. Les bras tendus sur son chariot, la jeune femme attend que je me décide entre des pâtes bolognaises et un poulet rôti, un sourire figé sur son visage comme pour me signifier son impatience.

— *I'll have chicken, thank you.*

Tout en avalant mon repas, je triture l'écran incrusté dans le dos du siège devant moi, pour démarrer *Les Heures sombres* avec Gary Oldman sur l'arrivée au pouvoir de Churchill au début de la Seconde Guerre mondiale. Un sentiment étrange me traverse alors que défilent les premières images. J'ai beau essayer de me concentrer sur le film, je suis ailleurs, dans les souvenirs d'un autre voyage quelques semaines plus tôt. Mon périple en Ukraine en train, en pleine guerre, avec Emmanuel Macron et ses conseillers diplomatiques afin de nous rendre à Kiev et rencontrer Volodymyr Zelensky. Un voyage en forme de point d'orgue, après six mois passés comme reporter embarqué, muni d'un simple caméscope dans la cellule diplomatique de l'Élysée alors que la France occupait la présidence tournante de l'Union européenne. Jusqu'au mois de juin 2022, j'ai assisté en direct à ce moment vertigineux de l'histoire : l'irruption de la guerre sur le continent européen, la réapparition de la menace atomique, la conversation de la dernière chance que j'ai pu filmer intégralement entre Vladimir Poutine et Emmanuel Macron quatre jours avant l'invasion russe. Lors de sa diffusion sur France 2, deux mois avant que je m'envole pour le Congo, mon film *Un président, l'Europe et la guerre* a immédiatement suscité une avalanche de commentaires en France, en Europe et ailleurs. À commencer par Sergueï Lavrov lui-même. Au cours d'une conférence de presse, le ministre des Affaires étrangères de Vladimir Poutine n'a pas hésité à faire part de son vif mécontentement à voir une conversation entre le chef du Kremlin et le président de la République rendue publique dans un documentaire. Ces six mois vécus au cœur du Pouvoir et de la diplomatie constituent une histoire unique, un moment à part dans ma vie de journaliste. Et naturellement, le souvenir de cette aventure demeure extrêmement vif. Mais en même temps, avec toute l'attention portée à ce qui m'attend en Afrique, il me paraît étrangement déjà loin. Gary Oldman, que je fixe les yeux mi-clos de fatigue en train de faire un discours à la Chambre des communes en 1940, le nez quasiment sur le minuscule écran, me semble encore plus loin.

Sa voix nasillarde me berce, m'endort.

* * *

En rouvrant les yeux, je découvre par le hublot les vastes étendues africaines au petit matin, puis les silhouettes des gratte-ciel d'Addis-Abeba où nous allons atterrir pour une brève escale en Éthiopie, avant de reprendre l'avion pour Goma. Pendant le reste du vol vers la République démocratique du Congo, les yeux rivés sur les paysages d'Afrique centrale que nous survolons, je suis happé par les collines verdoyantes et les nombreuses fumées noires qui, telles des marques d'incendies, se dégagent de ces forêts. J'ignore quels pays ou région nous traversons précisément, mais je ne cesse de penser au sujet de notre film : les communautés humaines qui vivent aux avant-postes de la déforestation. Et une question me vient en tête : à quoi ressemble le quotidien d'un individu, et de sa communauté, dont la vie se trouve en première ligne d'un environnement qui se dérègle et d'un climat qui change ?

J'ai désormais un mois pour y répondre en filmant au plus près cette réalité.

Chapitre 4

Ce qui frappe, l'esprit encore embrumé, c'est le capharnaüm.

Vu du ciel, on dirait un long tapis étendu sur un terrain de football cerné par une intense activité urbaine. Plus on approche, plus l'image s'éclaircit. On y voit une dizaine d'avions de ligne, deux gros avions-cargos garés dans l'herbe et quelques hélicoptères de transport de troupes. Sur leur carlingue blanche et massive, deux grandes lettres noires : UN. Des hélicoptères des forces déployées par les Nations unies.

L'aéroport international de Goma, classé parmi les plus dangereux du monde, est une piste unique tracée au milieu d'une pelouse desséchée au bout de laquelle se trouvent les premières habitations de la ville et un marché populaire. Le dernier crash est survenu en 2019. Bilan : vingt-neuf morts. Aujourd'hui encore, malgré notre atterrissage tout en douceur, les conditions de sécurité posent question. Et je ne peux m'empêcher de sourire quand, à la descente de l'avion, je découvre de nombreux badauds errant librement le long du tarmac, comme s'ils arpentaient un chemin de randonnée ou la galerie d'un centre commercial. Devant moi, jeeps et fourgons militaires se croisent en zigzaguant à quelques mètres de la foule. La prudence évidemment s'impose. Mais le culot est tout aussi nécessaire. J'en prends immédiatement la mesure en voyant le monde agglutiné devant moi. Aussitôt j'entreprends de me frayer un chemin au milieu de la cohue pour me faufiler parmi les voyageurs. Ma première mission : rejoindre au plus vite la douane dans le modeste terminal. Après une heure et demie de queue pour tamponner nos visas, nous filons dans la zone de retrait des bagages. Une pièce encombrée de paquets, cartons, ballots de plastique posés par dizaines, les uns sur les autres, de façon anarchique. La foule que j'ai tenté de semer tout à l'heure se bouscule à présent, chacun à l'affût de son propre bagage. Soudain, j'aperçois les nôtres.

— Guillaume, je les vois ! Ils sont au fond de la pièce.

— Enfin. On y est presque.

Le centre-ville a beau n'être qu'à cinq kilomètres de l'aéroport, il faut une bonne demi-heure au taxi, en slalomant entre la foule, les motos et l'imposante circulation automobile, pour rejoindre notre quartier. Avec près de deux millions d'habitants concentrés sur soixante-quinze kilomètres carrés, Goma est l'une des villes les plus denses de la République démocratique du Congo. Une ville coincée entre un des volcans les plus actifs du monde, le mont Nyiragongo, et le lac Kivu, frontière naturelle avec le Rwanda. C'est justement à proximité du lac, à l'hôtel Cirezi, situé dans une rue discrète à l'abri du vacarme de la ville, qu'a lieu notre premier rendez-vous.

— Enchanté, vous devez être Guy et Guillaume.

— Absolument. Ravi de vous rencontrer. Vous êtes Joseph, n'est-ce pas ?

Avec un large sourire, Joseph Mandaré, notre fixeur, nous accueille à l'entrée de l'hôtel.

— Oui, exactement. Vous avez fait bon voyage ?

— Très bon.

— OK, je vous propose de prendre vos chambres, de vous rafraîchir avant qu'on se retrouve dans une vingtaine de minutes sur la terrasse pour discuter autour d'un verre.

Je ne peux m'empêcher d'esquisser un rictus en découvrant la chambre. Sans fenêtre, la pièce est dotée d'une seule ampoule accrochée au plafond pour tout éclairage. Quant à la salle de bains, l'eau de la douche ne fonctionne que par intermittence, sans être chaude. Nous sommes évidemment loin du confort des hôtels internationaux, mais l'établissement est très correct : l'endroit idéal pour se mettre dans le bain.

— Cela vous tente, une bière congolaise ?

— Avec plaisir !

Devant notre réponse à l'unisson, Joseph se tourne vers le serveur, qui nous a installés sur la terrasse, pour commander trois bières locales.

Notre fixeur est un homme robuste d'une bonne trentaine d'années, au crâne impeccablement rasé. Il a l'air à la fois sérieux et décontracté, parle parfaitement français et swahili, et connaît visiblement par cœur la région du Kivu qu'il habite depuis sa naissance et dans laquelle il a déjà organisé plusieurs tournages de ce type.

Après un enchaînement de gorgées de bière avalées au goulot, il entame la conversation avec un sourire en coin.

— Vous êtes en forme, j'espère… Parce qu'à partir de demain, ça va être sportif.

— C'est à cause de la route ?

— La route, la pluie, les montagnes et la forêt. Là où on va, peu de gens s'y aventurent. Les pygmées Batwa ne sont pas facilement accessibles. C'est un peuple autochtone qui vit de la forêt, et dans la forêt. Mais c'est compliqué parce que là où ils vivent, il y a beaucoup de déforestation. Donc pour les trouver, on va devoir crapahuter.

— On en a bien conscience et c'est exactement pour cela qu'on veut aller à leur rencontre. On veut passer du temps avec eux afin de comprendre comment ils parviennent à vivre, et à s'en sortir, avec la forêt qui disparaît.

— C'est très clair. Et c'est bien ce qu'on avait décidé au téléphone avant votre départ. Voilà comment on va s'y prendre.

Il sort une carte qu'il étale sur la table pour nous montrer l'itinéraire. Il pointe du doigt la seule route visible sur le plan, qui traverse toute la région du nord au sud, le long du lac Kivu et des montagnes. Et c'est elle que nous sommes censés emprunter le lendemain pour rejoindre, à une centaine de kilomètres au sud, le village de Kalehe.

— C'est une route nationale, mais elle est très cabossée et même impraticable en voiture à certains endroits, là où on va vers le sud. Donc on n'a pas le choix : on va devoir faire une bonne partie du chemin à moto.

— Il y a combien de temps de route, d'après toi ?

— Tu sais, au Congo, la notion de temps n'est pas forcément très fiable. On est souvent un peu optimistes ici.

Il s'interrompt un instant, semblant réfléchir plus précisément au temps de route nécessaire.

— Je dirais quatre heures. Peut-être un peu plus. Mais pas beaucoup plus.

— OK.

— Très bien. En partant demain, on passera au marché vous acheter des cirés et des bottes de pluie et il faudra aussi retirer du liquide à la banque. Le franc congolais est le seul moyen de paiement ici en dehors des grandes villes. Je passerai vous récupérer à 7 h 30 avec ma voiture. Donc il est très important de bien dormir cette nuit pour être pleinement d'attaque demain matin.

* * *

L'insomnie m'a saisi bien avant le lever du jour et je n'ai pas fermé l'œil depuis 4 h 30 ce matin. Pourtant, j'ai les yeux grands ouverts rivés sur le lac Kivu qui, sous la lumière éblouissante du soleil au zénith, défile devant moi. Il est midi et notre petit 4 x 4 Toyota roule à vive allure. Sur le pare-brise, une pancarte « Presse » a été posée en évidence par Joseph au moment du départ, pour passer plus facilement les contrôles de police et de l'armée.

— Il y a des checkpoints un peu partout. Donc Guy et Guillaume, ayez toujours vos attestations et autorisations de tournage sur vous, sinon on risque de passer des heures au poste et ça nous retardera.

— Pourquoi y a-t-il autant de contrôles ?

— À cause de la guerre avec les groupes armés et les milices rebelles au Nord-Kivu. La situation en matière de sécurité est instable.

Il s'adresse directement à Guillaume, assis à côté de lui à l'avant pour filmer plus aisément.

— Si tu vois des militaires dans les parages…

Joseph n'a pas besoin de finir sa phrase, Guillaume comprend aussitôt.

— Oui, je rentre ma caméra.

Après une heure de route, nous arrivons à Minova, petite bourgade au bord du lac. Joseph se gare dans la rue principale, juste derrière un groupe de *bikers* casqués et postés devant leurs motos sur le bas-côté.

— Voilà, on change de monture, indique-t-il en finissant son créneau. Maintenant on va faire le reste du trajet à deux roues.

En quelques minutes, nous harnachons notre barda avec des tendeurs à l'arrière de chaque moto – des engins de 125 cc, de fabrication chinoise – et chacun de nous s'installe tant bien que mal entre le pilote et nos bagages ficelés. L'inconfort, je le sens immédiatement, sera total tout le long du trajet. Pour nous, pas de casques. Dans le village, le départ de notre caravane motorisée, filmé par Guillaume, ne passe pas inaperçu. Les curieux s'approchent, nous tournent autour. Il est temps de filer.

La route que nous empruntons – principale artère de la région du Kivu – n'est qu'une piste en terre ocre. Mais à cette saison, les pluies l'ont transformée en un dédale de flaques entre lesquelles nos pilotes slaloment à vive allure. La route défoncée serpente sur les flancs de la montagne qui se dresse au-dessus du lac Kivu. À l'arrière de la moto qui fonce le long du ravin, je me surprends à fermer les yeux afin d'essayer de contrôler ma peur. Peine perdue. Lorsque je les rouvre, je remarque que nous roulons au bord du fossé. Alors j'essaie de me changer les idées en focalisant mon attention sur une douleur naissante dans les cervicales. Les amortisseurs sont raides. Ma colonne vertébrale encaisse les chocs comme elle peut. J'ai comme la sensation de faire du cross sur un vieux Solex. Les kilomètres parcourus sont rythmés par des bosses, des crevasses, des ornières, des passages de cours d'eau. En observant le paysage, une singulière vision me surprend. Les collines et les montagnes qui se hissent au-dessus de la route semblent avoir été rasées. Je ne reconnais plus les étendues de grandes forêts profondes que j'avais en mémoire. Sur la moto, le souvenir de mon premier voyage me revient soudain à l'esprit.

Quand je suis venu ici fin 2010, les collines étaient couvertes de forêts, les pénétrer était donc indispensable pour accéder à ce que je cherchais. À l'époque, je menais une enquête sur l'exploitation illégale des mines au Kivu et l'extraction de la cassitérite, un minerai incontournable pour la fabrication des téléphones portables. À présent, je suis sidéré par ce que je vois. Les collines sont anormalement pelées. La forêt, si dense dans mon souvenir, semble avoir disparu.

Après six heures de motocross, la route boueuse se transforme en chemin tortueux, qui commence à s'élever dans un paysage plus sec, à la fois tropical et montagneux. Le chemin se termine dans un petit hameau d'agriculteurs : Kalehe. Tout le village s'arrête pour assister à l'arrivée des motos. Au milieu de la foule, je distingue un homme d'une trentaine d'années, de haute taille et au visage effilé. Nos regards se croisent. Il s'approche de ma moto.

— Bonsoir, vous avez fait bonne route ?

— Bonsoir, vous êtes Cédric Muliri, n'est-ce pas ?

— Absolument.

Je l'ai reconnu à sa voix calme et posée qui m'avait frappé lors de notre conversation téléphonique avant le départ. Cédric Muliri, universitaire et spécialiste des Batwa, est l'homme sur lequel nous comptons pour aller à leur rencontre et les suivre dans leur vie quotidienne. Avec un sourire de confiance, je poursuis notre échange en répondant à sa question.

— Le voyage s'est bien passé, nous avons surmonté l'épreuve de la route. On est juste un peu fatigués. Mais on y est arrivés, c'est l'essentiel !

— Vous allez pouvoir vous reposer, maintenant. Vous allez passer la nuit dans notre maison. Il y a des matelas libres dans les chambres. Vous n'avez pas de problème à dormir à plusieurs dans une même pièce, n'est-ce pas ?

— Aucunement. Merci infiniment pour votre accueil.

Aussitôt, nous déchargeons nos bagages avant de régler l'addition du voyage, puis nous suivons Cédric jusqu'à sa maison en haut d'un chemin.

Biologiste et enseignant à l'université de Bukavu – ville principale du Sud-Kivu –, il est à la tête de l'organisation environnementale Artemis Africa, chargée notamment de la protection des peuples autochtones qui vivent de la forêt. Voilà pourquoi nous l'avons contacté, lorsqu'en préparant le tournage, il m'a semblé indispensable de raconter la vie des communautés les plus impactées par les ravages de la déforestation.

Avec son ami et cofondateur de l'association, Emery Shabani, il a installé une antenne ici, dans le village de Kalehe, afin de venir en aide aux Batwa, et cette maison, dans laquelle nous sommes invités, sert de camp de base aux membres de l'organisation.

— Vous avez trouvé votre chambre ?

— Oui, merci, Cédric, je suis très bien installé.

Le soir tombe lentement, presque en douceur, et je commence enfin à me détendre alors que nous sommes tous assis, une bière rafraîchissante à la main, autour du feu de bois que nous avons allumé sur le grand terrain en terre battue qui entoure la maison.

Je suis épuisé. Et j'ai bien conscience que nous n'avons fait que la moitié du voyage pour arriver jusqu'aux Batwa.

Il est 20 heures, il me faut dormir, retrouver des forces.

Chapitre 5

Le jour se lève et nous quittons le village de Kalehe.

En file indienne, chacun équipé de son sac à dos, le groupe suit Cédric qui dirige la marche juste devant moi. Après dix minutes à travers la plaine, un chemin nous mène dans les montagnes. Nous démarrons l'ascension vers le village batwa. L'excursion, m'a prévenu Cédric, va durer quatre heures.

Très vite, la marche devient pesante. Les pentes de la colline sont raides, entièrement pelées. Il n'y a pas un arbre, pas de zones d'ombre où s'arrêter un instant pour reprendre son souffle. Sur les épaules, mon sac à dos semble peser une tonne alors qu'il paraissait si léger tout à l'heure lorsque nous sommes partis. Avec la chaleur et l'humidité de l'air, j'ai la sensation qu'il s'alourdit à mesure que je grimpe.

Pour me stimuler, je repense à la dernière grande marche que j'avais effectuée dans la région lors de mon voyage au Kivu en 2010 : cinquante-cinq kilomètres dans la jungle, à grimper et descendre vingt-quatre collines escarpées sous des pluies torrentielles, pour mon reportage sur les minerais. Une telle excursion avait été le seul et unique moyen d'atteindre les sites miniers et de documenter tant les trafics que les conditions de vie des mineurs de fond. Nous avions « avalé » notre périple d'une traite, douze heures durant, afin d'éviter de bivouaquer dans la forêt, propice aux embuscades et à la guérilla dans le conflit qui oppose l'armée régulière aux groupes armés. Les combats y sont fréquents, les risques trop élevés. En y repensant, l'expérience paraît folle. Mais à la différence d'aujourd'hui, nous marchions sous les arbres, à l'ombre de la chaleur écrasante. Et tandis que mon souffle se raccourcit à mesure que je progresse dans la montagne, j'ai la quasi certitude que l'effort était plus supportable il y a douze ans.

— Est-ce que vous voulez vous arrêter, faire une pause quelques minutes, pour vous reposer ?

Cédric, en tête de cortège, se retourne pour nous interroger. D'un coup, sans même répondre, la file indienne s'arrête net et chacun de nous – Joseph, Guillaume et moi – se laisse glisser à terre, comme si nous déposions momentanément les armes. En quelques secondes, j'avale la moitié de ma gourde d'eau. Sous mes yeux, à plusieurs kilomètres en contrebas, s'étend l'immense lac Kivu ceinturé de montagnes et de collines partiellement boisées qui donnent l'impression de s'enfoncer dans l'eau. Le paysage est fascinant.

— On ne se lasse jamais de regarder cette vue, Guy…

Cédric, assis juste à mes côtés, s'adresse à moi les pupilles fixées sur l'horizon.

— C'est dur d'y accéder, mais quand on arrive là-haut, tu verras, c'est magique.

— D'ici, c'est déjà sublime. Et j'ai hâte d'atteindre ce but. On en a encore pour combien de temps avant d'arriver, d'après toi ?

— On a encore une bonne heure de marche.

— Ah oui, quand même.

— Tu sais, les Batwa ont toujours vécu dans la forêt. Mais avec la déforestation, ils ont été obligés de s'éloigner toujours plus loin dans la montagne.

— Et à quelle hauteur se trouve leur village ?

— À plus de 2 000 mètres d'altitude. Ils sont loin de la route, loin de tout.

— Mais alors, comment font-ils pour vivre de la forêt, si la forêt disparaît ?

— C'est tout le problème. Ils sont dans une lutte permanente. Et c'est cette réalité que tu vas voir, que tu vas toucher du doigt.

La dernière phase de l'ascension a beau être abrupte, elle me paraît plus rapide et moins pénible. Comme si mon corps avait fini par s'habituer à l'effort. Calé sur le rythme de Cédric, je grimpe en silence, intégralement concentré sur ses pas et la bonne maîtrise de ma respiration.

Soudain, d'étroites huttes en torchis se dressent le long du chemin tortueux. Le premier signe visible d'une communauté après quatre heures de marche.

Je me mets à rêver.

— Cédric, on est arrivés ? Ce sont les maisons du village ?

— C'est le début du village, mais on n'est pas encore à destination. Le village des Batwa est très étendu. Il faut encore monter.

— Ça veut dire qu'il y a beaucoup de Batwa qui habitent ici ?

— Pas vraiment, il n'y a que dix-sept familles. Mais les huttes sont très éparpillées dans la brousse.

D'un coup, une minuscule hutte bâtie à flanc de colline apparaît à 2 500 mètres d'altitude sur une petite place en terre battue.

— Ça y est, on est arrivés Guy !

— Bonne nouvelle ! Mais c'est bizarre, il n'y a qu'une maison.

— Oui, mais c'est la maison du chef de village. Il faut qu'on aille lui rendre visite.

À bout de souffle, j'accompagne Cédric sur le pas de l'étroite porte d'entrée, formée de bouts de bois d'à peine plus d'un mètre cinquante de haut, afin de saluer le chef du village. C'est son épouse qui nous accueille. Son mari est malade, alité dans la hutte, nous apprend-elle. Je m'incline devant cette femme âgée et la remercie de son accueil en bégayant quelques mots en swahili que m'a appris Cédric.

— *Asante sana... kutu...pokea!*

— *Dio dio.*

Cédric, qui saisit mon regard quelque peu incrédule, me traduit aussitôt.

— Elle t'a répondu, « de rien, de rien ».

Pendant cette courte visite, j'ai vu du coin de l'œil les villageois prendre place les uns après les autres sur la petite place devant la maison du chef. Les femmes et les enfants se sont installés en retrait. Les hommes, eux, ont choisi de se positionner sous le vieux tilleul en prenant soin de laisser le banc en bois entièrement libre.

— Je crois qu'ils nous attendent, Cédric.

— Oui, j'ai vu. Cela signifie qu'il faut que tu leur présentes ton projet et que tu les convainques de te montrer les secrets de leur forêt.

En entendant Cédric, j'ai brusquement un petit coup de mou.

— Ah, OK. Même après tout ce voyage, ça veut dire que ce n'est pas gagné. Il se peut qu'on fasse demi-tour dans une demi-heure ?

— Il faut toujours palabrer ici. On est en Afrique. Mais tu n'es pas seul, on y va ensemble.

Je m'approche du tilleul et m'incline devant les hommes du village, dont la plupart m'arrivent à l'épaule. L'un d'eux, le plus âgé, me désigne le banc pour y prendre place avec Cédric, qui effectue la traduction. Tandis que Guillaume filme, j'improvise.

— *Assanté sana*… Merci beaucoup de nous accueillir. Nous sommes journalistes et nous désirons réaliser un documentaire sur la déforestation au Kivu pour la télévision française, et je voudrais montrer…

Soudain, le vieux sage m'interrompt pour me signaler un pichet en plastique bleu qui m'est offert par son voisin. Avec un large et franc sourire, je saisis le broc et, sans regarder son contenu, je me mets à boire.

— Mmm, c'est très bon. C'est de la bière, c'est ça ?

Le vieux sage répond avec un hochement de la tête.

— Oui c'est ça, c'est de la bière.

— Mais on dirait que cette bière est un peu différente de la bière normale…

— C'est parce que c'est de la bière à la banane.

— À base de banane ? Waouh. J'en reprends alors. C'est délicieux.

L'explosion de rire est générale, l'humeur est détendue. Je commence à me sentir à l'aise, alors j'enchaîne naturellement.

— Donc, j'aimerais pouvoir comprendre ce que signifie « vivre de la forêt » et j'aimerais que vous me disiez si vous constatez, au quotidien, que la forêt se réduit, et quel impact cela a sur la chasse, sur la cueillette, sur la pharmacopée… Tout cela est très important pour vous, je crois, n'est-ce pas ?

D'un coup, les visages s'assombrissent. Un silence s'installe. Je crains d'avoir été trop rapide. Maladroit. En somme, d'avoir échoué. En croisant mon regard, un petit homme en t-shirt jaune, l'œil vif et pétillant, prend la parole.

— La perte de la forêt a occasionné la famine, la pauvreté et beaucoup d'autres conséquences. Les animaux ont disparu. Ils sont morts ou ils ont migré.

— Donc ça signifie qu'il y a moins à manger ?

— Il n'y a presque plus rien à capturer. Pour chasser, il n'y a plus que les pièges à taupes. Même avec mon lance-pierre, je capture beaucoup moins d'oiseaux qu'avant.

Le mode de vie traditionnel des Batwa repose entièrement sur la chasse et la cueillette. Quand la forêt disparaît, leur survie est en jeu. Les convaincre que cette menace doit être documentée me paraît indispensable. Mais devant moi, la plupart des hommes demeurent moroses et muets. Seul le petit homme au t-shirt jaune semble animé et ouvert à l'échange.

— Comment vous appelez vous ?

— Je m'appelle Maïcha.

— Où se trouve la forêt, désormais, Maïcha ?

— La forêt est là-bas, plus haut, très loin. Avant, elle était ici, là où nous sommes aujourd'hui, à l'endroit du village. Mais maintenant, pour s'y rendre, il faut marcher des heures.

— Et quand est-ce que vous y allez, la prochaine fois ?

— Demain.

C'est donc maintenant qu'il faut que je sois convaincant. Je reste volontairement silencieux, histoire de rassembler mes idées. Au bout de quelques secondes, en le regardant fixement, je me lance.

— Voilà… Il me semble particulièrement important de filmer vos difficultés quotidiennes afin de raconter au monde extérieur ce qui vous arrive. La déforestation est en train de menacer votre vie et votre existence, c'est gravissime, et je crois qu'il faut que cela se sache. C'est pour cette raison que je suis venu ici. C'est aussi pour cela que je souhaiterais comprendre ce qui vous arrive en partageant un peu de votre vie de tous les jours : aller à la chasse, participer à la cueillette, partir en quête de plantes médicinales, participer à la collecte de l'eau… Pour comprendre et faire comprendre au monde extérieur ce qui est en train de vous toucher très intimement. Et dans cette optique, j'aimerais vous suivre et vous filmer. Et aller, avec vous, guidé par vous, dans la forêt.

Maïcha sourit et regarde ses voisins, l'air interrogatif. Les visages s'ouvrent et les hommes, à voix basse, se mettent à échanger comme s'ils délibéraient. Pendant plusieurs minutes, sous le tilleul, l'assistance est concentrée sans se préoccuper de notre présence. Soudain, le vieux sage qui m'avait indiqué et offert le pichet de bière prend la parole.

— C'est d'accord.

Immédiatement, je me tourne vers Cédric en poussant un « ouf » de soulagement. À partir de maintenant, partager leur quotidien pour saisir ce qu'ils traversent est ma seule priorité. Et aussitôt après la réunion, je rejoins Maïcha dans sa paillote, en compagnie de Guillaume et Joseph. Il s'agit d'une pièce unique, sombre, basse et enfumée par des feuilles de manioc en train de cuire sur le réchaud. La cahute d'un mètre cinquante de haut ne fait que quelques mètres carrés – sept à huit grand maximum – et ses cinq enfants sont pelotonnés dans le fond. Maïcha nous invite à y entrer mais, faute de place, je suis le seul à pouvoir m'y faufiler, en tordant ma longue carcasse. « Si tu le souhaites, tu peux dormir ici ce soir », me propose-t-il d'emblée. « On t'installera dans l'entrée, juste sur le pas de la porte. » Son hospitalité me touche. Mais l'espace ne fait que quelques centimètres et je ne vois pas bien comment m'allonger dans la hutte, alors qu'ils sont déjà sept à l'occuper.

Avant que la nuit tombe, j'aide l'épouse de Maïcha, Cécile, à aller chercher de l'eau. La petite cascade pour se ravitailler se trouve à deux kilomètres, en contrebas du village. Nous y emportons deux gros bidons en plastique de vingt litres chacun. Un trajet qu'elle effectue tête baissée, en silence, sans jamais me regarder. Peut-être est-elle gênée par ma présence à ses côtés ? À l'arrivée, alors qu'elle pose un jerrican sous le filet d'eau de la cascade, je me tourne vers elle et tente d'engager la conversation.

— L'eau est potable ? Elle ne pose jamais de problème ?

— Parfois, il y a des gens qui sont malades. Des maux de ventre, des diarrhées. Il y a aussi du palu.

Mais je ne sais pas si c'est seulement à cause de l'eau. Ou autre chose.

— Et comment vous vous soignez ?

— On n'a pas de médicaments ici. Il faut aller dans la forêt, c'est là qu'on trouve les plantes qui guérissent. Comme les feuilles d'eucalyptus que nous utilisons contre le paludisme.

Son regard demeure orienté vers la terre, comme pour éviter tout contact visuel avec moi. Préserver la distance qui existe entre nous. En dehors de mes questions, elle reste concentrée sur les jerricans qu'elle ferme, une fois remplis, avec de grosses touffes d'herbe en guise de bouchons.

— Ces bidons ne sont-ils pas trop lourds ?

— Je n'ai pas le choix. Ce sont les femmes qui sont chargées d'aller chercher l'eau pour les familles et le village. Les hommes, eux, vont dans la forêt chercher ce dont on a besoin pour manger.

Cécile a beau être toute menue et de petite taille, sa force physique est saisissante. Une fois les bidons remplis, elle attrape l'un d'eux pour le porter sur son dos, puis reprend son chemin. Cela semble anodin, mais ses gestes sont précis. Pour ma part, je dois m'y reprendre à trois fois pour remonter le mien en appliquant sa méthode : un foulard attaché à la hanse du jerrican et retenu autour de mon front afin que le bidon chargé d'eau soit calé correctement sur mon dos. Vingt litres à transporter ainsi en remontant deux kilomètres de dénivelé abrupt sous un soleil de plomb est, je m'en rends compte, une performance particulièrement éprouvante. Au bout de quelques mètres, je manque déjà d'oxygène. J'ai besoin de faire une pause. Lestée de la même charge, elle revient sur ses pas et redescend d'une vingtaine de mètres pour s'assurer d'un seul coup d'œil que je vais bien. La bienveillance de cette femme est une leçon qui bat en brèche mes préjugés. Son silence et sa réserve sont l'expression de sa concentration pour les tâches qu'elle accomplit et n'ont rien à voir avec ma « petite personne », contrairement à ce que je pensais initialement. Je lui adresse alors un sourire, en la voyant à quelques mètres en train de m'attendre.

— Merci, Cécile, ça va aller.

Aussitôt elle reprend la marche. En suivant ses pas attentivement, je réalise qu'elle est pieds nus.

— Vous faites cela souvent ?

— Trois fois par jour.

* * *

Finalement, décision est prise de monter une hutte afin que nous puissions passer la nuit dans le village. Les jeunes garçons de la communauté ont été rassemblés à l'initiative de Maïcha pour nous aider à la construire. Une structure en bois attachée à de la corde, puis recouverte de bâches en plastique, est montée en moins de deux heures. Elle est ensuite posée et fixée dans le sol en terre battue juste derrière la hutte du chef, sur la petite place où se trouve le tilleul.

En signe d'attention, des brassées d'herbe sont ramassées par les gens du village pour y être étendues en une couche épaisse destinée à nous construire un matelas de fortune, mais confortable. L'hospitalité est une règle de vie chez les Batwa. Mais ce n'est pas tout : ce sens de l'accueil va de pair avec celui de la fête. Je vais en avoir la démonstration le soir même.

Autour d'un grand feu de bois, allumé devant notre hutte, nous sommes conviés à partager le repas des gens du village : un petit morceau de gibier, une banane plantain et quelques feuilles de manioc. Alors que nous dînons, les femmes et les enfants allument un poste de radio à piles et se mettent à danser au rythme de l'afrobeat qui sort du haut-parleur. Les uns après les autres, les hommes se lèvent et m'entraînent avec eux pour transformer la petite place du village en dance-floor. Nous nous retrouvons ainsi entraînés dans une fiesta endiablée alors qu'au loin des éclairs illuminent et zèbrent le ciel. L'orage gronde, mais les femmes n'en ont cure : elles se mettent maintenant à chanter. Tout le village est en fête. Un moment unique dont je savoure chaque instant et que, le temps d'une pause, j'observe avec Cédric.

— Est-ce qu'ils dansent tout le temps, comme ça, les Batwa ?

— Oui… La plupart du temps. Ils sont caractérisés par la joie.

— Cette joie, le sens de la fête, c'est un sentiment qui perdure malgré leurs difficultés ?

— C'est la seule chose qu'il leur reste, qui les connecte à leur culture. Ils partiront avec cette danse et ces chants. C'est leur façon de vivre, de traverser les tragédies auxquelles ils sont confrontés. C'est la seule chose qu'on ne peut pas leur enlever.

Chapitre 6

Malgré la pluie qui gouttait à travers la bâche, nous avons pu dormir jusqu'à 6 heures ce matin, et nous nous préparons maintenant à partir.

Devant notre hutte, la vue est hypnotique. La lumière du soleil perce l'obscurité et illumine les collines qui dominent le lac Kivu. Je m'assieds un instant sur le banc, et me laisse emporter par les nuances de couleur qui se succèdent dans le ciel à mesure que l'aube s'éclaircit. Sous le tilleul, à moins d'un mètre, un réchaud à gaz permet de faire bouillir l'eau que je suis allé chercher hier avec la femme de Maïcha. Le petit déjeuner se prépare avec, au menu, des gâteaux secs et une tasse d'eau chaude mélangée à quelques granulés de café.

— Guy, est-ce que tu veux un bâton pour marcher plus facilement ? Maïcha peut t'en donner un, si tu le souhaites.

Cédric, qui connaît ses priorités, me ramène d'un coup au défi de la journée. En jetant un œil à la pente de la montagne, je réponds sans hésiter.

— Avec grand plaisir !

Quinze minutes plus tard, les biscuits et l'eau chaude avalés, nous nous mettons en route avec Maïcha. « *Assanté sana* », lui dis-je en désignant le bâton. Nous gravissons la colline et, en franchissant le sommet, un panorama lugubre s'ouvre devant nous : des fougères roussies et des terres noires s'étendent de colline en colline sur plusieurs kilomètres à perte de vue.

— Cet endroit était couvert de jungle il y a encore quelques années, m'explique Maïcha. Ici on trouvait des gorilles et des singes. C'était une très grande forêt. Aujourd'hui il n'y a plus rien. Tout a été coupé.

La forêt du bassin du Congo est, après la forêt amazonienne, le deuxième plus important « poumon vert » de la planète, un puits de carbone jouant un rôle crucial dans la régulation du climat. Mais là où la jungle était omniprésente depuis des siècles, les collines sont maintenant à nu. Les arbres disparaissent, la forêt meurt.

Il faut marcher plus de deux heures pour atteindre ce qui reste de la forêt ancestrale des Batwa. Avant que nous nous y enfoncions, Maïcha m'explique comment il en tire le meilleur parti.

— Je viens ici pour chercher ce dont on a le plus besoin au village en ce moment : les médicaments. Toutes les plantes pour se soigner se trouvent dans ces parages.

Maïcha m'emmène alors dans un recoin au fond de la jungle et sort un long couteau d'un sac de jute qu'il a emporté avec lui. Au sein d'un enchevêtrement végétal, il se baisse pour atteindre la base d'une plante et coupe une longue tige épaisse d'un vert lumineux.

— Voici un médicament pour les dents.

— Comment ça, un médicament pour les dents ?

— Tu découpes cette tige en morceaux, après tu la mets dans une casserole et tu ajoutes de l'eau et un peu de sel. Tu la fais bouillir. Et quand la tisane devient verte, comme une écorce, tu mets un peu de tisane dans un gobelet et tu fais un bain de bouche.

— Donc si j'ai mal aux dents, avec cette tige, je n'aurai plus mal ?

— Tu auras beaucoup moins mal, tu le fais pendant quatre jours, matin et soir, et ensuite tout ira bien.

Maïcha coupe une dizaine de tiges avec son couteau et les dépose au fond de son sac. Au sein de sa communauté, il est considéré comme le médecin du village. Il s'occupe de tous les problèmes de santé des habitants. Son père lui a inculqué le pouvoir des plantes. Maïcha connaît toutes leurs vertus, y compris celles qui traitent les maux de dents.

— J'ai connu cette plante médicinale grâce à mon père et c'est son père qui la lui a apprise. Parce que c'est le rôle d'un père d'apprendre à son fils, n'est-ce pas ? C'est une transmission ancestrale.

La richesse de la forêt équatoriale du Congo est sans égale. Elle recèle plus de onze mille plantes différentes, dont beaucoup n'existent nulle part ailleurs. En passant dans un chemin, Maïcha retire d'un arbuste ce qui semble être une simple feuille. En réalité, cette plante joue un rôle essentiel lorsqu'une mère met un enfant au monde, car elle calme l'enfant qui pleure et soulage ses maux de ventre. Son nom : kaouloula, la plante pour les bébés. Ainsi, de la naissance à l'âge mûr, tous les problèmes de santé ont ici leurs médicaments naturels. Mais cette pharmacie à ciel ouvert, Maïcha en a désormais la certitude, est en péril. Devant moi, il découpe un bout d'écorce dans le tronc massif d'un arbre centenaire gigantesque, protégé par un rideau de lianes.

— Ça, c'est un médicament contre les maux de tête. Il suffit de piler l'écorce dans un mortier. Ensuite, tu presses le jus et hop, directement dans les narines, devant le soleil ! Ensuite tu te couches, toujours dans la direction du soleil. Tu vas éternuer plusieurs fois et ton mal de tête va diminuer. Mais les arbres comme celui-là sont en train de disparaître à cause des coupeurs d'arbres. Nous qui vivons dans la forêt, nous nous sentons mal à cause de ces coupes. Mais nous n'avons pas le pouvoir de nous opposer aux coupeurs.

— Et comment ferez-vous quand il n'y aura plus d'arbres ?

— On ira là où il en reste. Parce qu'on ne peut pas vivre là où il n'y a pas de médicaments, n'est-ce pas ?

Le constat est dramatique. Au Congo, ce sont un demi million d'hectares de forêt qui partent en fumée chaque année – soit l'équivalent de près de la moitié de la région Île-de-France.

En prenant le chemin du retour, nous arrivons au-dessus d'une vallée sur les flancs de laquelle on aperçoit de nombreuses fumées.

— *Makala*! fait Maïcha en désignant les fumées.

Le mot *makala* signifie charbon de bois en swahili, m'apprend Cédric. Et les fumées que nous voyons partout sur les collines sont celles qui s'échappent de fours qui servent à fabriquer du charbon de bois. Des fours en terre éparpillés dans la nature pour carboniser le bois et les troncs d'arbres qui ont été abattus, et les transformer en *makala*.

Autour de nous, les panaches blancs qui s'élèvent dans chaque plissement de terrain sont donc autant de signes de la déforestation pour la fabrication de charbon. Des milliers d'arbres sont ainsi coupés et livrés aux flammes.

Dans certaines régions, la coupe de bois et sa transformation en charbon prennent des proportions industrielles, m'informe Joseph. Pour documenter cette réalité, me dit-il, aller au Nord-Kivu, le haut lieu de la production, s'impose. Mais il me prévient. Approcher ceux qui organisent ce trafic n'est pas sans risque.

Chapitre 7

La descente est rapide et logiquement plus agréable que l'ascension. Le souffle se fait plus léger. Les muscles se détendent. Tout au long du chemin, je repense à ce moment si particulier passé avec Maïcha et les Batwa en ayant la conviction que je reviendrai avant la fin de mon voyage. Pour l'heure, il nous faut atteindre Goma au plus vite. Joseph a réussi à établir un contact avec des trafiquants de bois au Nord-Kivu. Un rendez-vous a été calé dans vingt-quatre heures. Nous rejoignons le village de Kalehe à pied sans tarder, car c'est de là que s'organise notre retour.

— Faites attention sur la route. Je ne veux pas qu'il leur arrive quoi que ce soit.

Le ton de Cédric en swahili est calme mais très ferme en s'adressant aux pilotes des motos. Le ciel est noir, le vent se lève. Emmitouflé dans mon large ciré à capuche, je prends place, peu rassuré car sans casque, à l'arrière d'une des machines. Guillaume et Joseph, chacun sur la sienne, se tiennent eux aussi calés en sandwich entre leur barda et leur pilote, sans protection. Avant de démarrer, Cédric s'approche de moi.

— Ils vont vite, mais ils sont fiables. Avec le temps qu'il fait, il n'y a, hélas, pas d'autres solutions que la moto. Les voitures ne passent pas et la route pour Goma est bloquée. Ils vous amèneront à Bukavu qui est plus au sud. De là vous prendrez un bateau pour rejoindre le nord.

— OK. Et en combien de temps rejoint-on Bukavu ?

— Il faut deux bonnes heures de route à moto. Faites bon voyage.

— Entendu, merci pour tout, Cédric. On t'appelle à notre arrivée.

— Je compte sur toi.

Des trombes d'eau se mettent à tomber. Nous partons sous une pluie battante. Très vite, à la sortie de Kalehe, les forêts que nous longeons se transforment en rivières. La piste devient glissante. Par endroits, de l'écume se forme sous les roues. Malgré l'orage, les pilotes filent à 100 km à l'heure et je retiens mon souffle. Je ferme les yeux, les rouvre puis les referme quelques secondes sans que cela change mon état. Chercher à esquiver le danger s'avère inutile. Avec la vitesse, les gouttes d'eau piquent le visage et s'enfoncent dans l'œil. Le déluge est tel que la sensation d'un ciel nous tombant sur la tête semble étonnamment réelle. Le pilote ne comprend aucun de mes appels à ralentir, ou peut-être les ignore-t-il sciemment. Mon sort, je le réalise à présent, est entre les mains d'un type qui roule comme un dingue et dont le moindre écart de conduite peut nous être fatal. Je ne contrôle plus rien. Je n'ai plus de pouvoir sur rien. Et maintenant, le regard plongé dans le ciré trempé du pilote, j'essaie de ne plus penser à rien, de me concentrer sur ma respiration pour évacuer la peur. Me calmer. Inspirer, souffler, juste respirer. Rien d'autre n'a d'importance à part ma femme Émilie et mes enfants Rose et Romy, qui font brusquement irruption dans mes pensées, et je me demande maintenant à quoi chacune d'elles peut bien être occupée. Je les imagine dans leur monde, notre monde, et soudain un sourire m'envahit accompagné d'une immense bouffée de chaleur, un sentiment d'absolu qui m'enveloppe intégralement et atténue ma peur.

L'idée de stopper le motard ne me vient pas à l'esprit. Il nous faut arriver à Bukavu à temps pour attraper le bateau. C'est la consigne qui a été donnée aux pilotes. Ils s'exécutent. Deux heures plus tard, fourbus, nous arrivons à bon port. Je me sens épuisé mais soulagé.

— Billets, s'il vous plaît.

Alors qu'il poinçonne nos billets, le contrôleur ne relève la tête que lorsque je l'interroge sur la ponctualité du bateau.

— Savez-vous combien de temps on met pour traverser le lac et atteindre le Nord-Kivu ?

— Je dirais entre quatre et six heures.

L'approximation du contrôleur est à l'image des insuffisances de la ligne de ferry qui l'emploie. Le navire *Emmanuel 3* qui assure la liaison entre Bukavu et Goma est manifestement connu pour ses pannes et retards à répétition, si j'en crois les articles de la presse congolaise que je consulte sur mon smartphone une fois installé sur le bateau : « les pannes se succèdent », « incidents répétés », « Panique à bord du bateau *Emmanuel 3* qui connaît une panne en plein lac Kivu ». Décidément, c'est notre journée, me dis-je en repensant à notre périple.

Sur la passerelle du navire, nous profitons de la traversée. La mer et le ciel gris se confondent dans la brume. Guillaume tourne des images. J'échange avec Joseph. L'enjeu du rendez-vous avec les trafiquants demain occupe notre discussion.

— D'après toi, Joseph, comment va se passer le rendez-vous ?

— En fait, les types qu'on va voir sont des trafiquants qui opèrent dans une zone contrôlée par un groupe armé. Le trafiquant s'appelle Justin et il est sous l'autorité d'un chef rebelle, le capitaine Freddy. Il faut donc qu'on se mette dans la poche le capitaine Freddy. Sans son autorisation, on ne pourra rien faire.

— Mais je croyais que c'était bien parti.

— C'est bien parti avec Justin, oui. Mais tout va se jouer quand on verra le capitaine Freddy. S'il est d'accord, on pourra filmer librement les trafiquants.

— Et quel est le groupe armé qui contrôle ces trafiquants ?

— Le FDLR.

Joseph m'explique alors que le FDLR – comme des dizaines d'autres groupes armés – mène une guerre sans merci dans le Kivu dans le but de mettre la main sur les ressources naturelles. Le sous-sol de la République démocratique du Congo est l'un des plus riches de la planète. On y trouve toutes sortes de minerais : du coltan, de la cassitérite, du tungstène (matériaux essentiels pour nos smartphones, tablettes ou ordinateurs), mais aussi de l'argent, de l'or, du gaz ou du pétrole. La République démocratique du Congo est le premier producteur mondial de cobalt, le quatrième de cuivre – deux composants indispensables pour les batteries et la transition écologique. L'exploitation du sous-sol du Kivu, en particulier, aiguise les convoitises au point de faire la guerre. Et parmi les ressources, il y en a une de premier plan : la forêt.

— Tu ne peux pas comprendre le problème de la déforestation et du *makala* sans évoquer la guerre et les milices qui contrôlent le trafic. Or, le FDLR est l'un des groupes armés les plus dangereux.

— Quel est leur objectif ?

— Ça dépend. À court terme ou à long terme ?

— Les deux.

— À long terme, le FDLR veut un truc fou et *a priori* impossible.

— C'est-à-dire ?

— Il veut renverser le pouvoir au Rwanda.

Mes yeux plongent aussitôt dans les siens alors que j'essaie d'intégrer ce qu'il vient de dire. En percevant la confusion dans mon regard, il reprend son récit en le rendant le plus simple et le plus clair possible.

— OK, ce n'est pas si compliqué que cela. Il faut juste faire un bond en arrière, d'une trentaine d'années.

Cette histoire, poursuit Joseph, est l'héritage d'un génocide commis en 1994, à quelques kilomètres d'ici, au Rwanda. Un massacre de la minorité tutsi commis par les extrémistes hutus, ethnie majoritaire rwandaise. En moins de cent jours, près d'un million de personnes ont été massacrées.

— Qu'est-ce qui a déclenché le génocide ?

— Tu as entendu parler de Juvénal Habyarimana ?

— Oui, c'était le président du Rwanda.

— Exactement, et surtout c'était un président hutu dans un pays miné par les rivalités ethniques et les haines entre Hutus et Tutsis. À l'époque où Habyarimana était président, le principal mouvement d'opposition tutsi était en exil, basé en Ouganda. En fait, tout a basculé le jour où Juvénal Habyarimana a été assassiné. Ça s'est passé alors qu'il se trouvait dans son avion, en plein vol. Avant d'atterrir, l'appareil présidentiel a été abattu par un tir de missile. Et cet attentat a déclenché le génocide. Dès le lendemain, les extrémistes hutus s'en sont pris aux Tutsis et ont commencé à les massacrer. Dans un déluge de violence. Le bain de sang a duré trois mois, jusqu'à ce que les rebelles tutsis dirigés par l'actuel président Paul Kagame ne prennent le pouvoir au Rwanda.

— OK, mais quel rapport avec le FDLR ?

— J'y viens justement. Le FDLR est un mouvement hutu. Après le génocide et la reprise en main du pays par les Tutsis de Kagame, près d'un million de Rwandais – essentiellement hutus – ont pris la fuite pour aller se réfugier de l'autre côté de la frontière, au Congo, dans la région de Goma. Ils se sont installés dans des camps et dans les montagnes et les forêts du Nord-Kivu. Et c'est là que d'anciens génocidaires et militaires Hutus ont créé le groupe armé FDLR – avec comme objectif de renverser Kagame. D'ailleurs, FDLR signifie Force démocratique de libération du Rwanda.

— Démocratique ?

— Disons qu'ils n'ont de démocratique que le nom. Parce qu'au Kivu, ils font régner la terreur, ils tuent, ils pillent. Ils sont accusés de viols, de torture et d'assassinats. C'est comme ça, en utilisant la force, qu'ils prennent le contrôle de villages et de zones entières et mettent la main sur les minerais, les matières premières, et la forêt pour en faire du *makala*. Le FDLR n'est évidemment pas le seul à agir ainsi. Tous les autres groupes armés qui sévissent dans la région utilisent la terreur comme arme de guerre pour s'emparer des ressources. Mais nous, on va avoir affaire avec le FLDR et le capitaine Freddy.

Tout en l'écoutant, je m'interroge sur la méthode à employer pour convaincre le groupe armé de nous laisser filmer les trafiquants de *makala* qu'il contrôle. Joseph saisit immédiatement mon désarroi.

— Ne t'inquiète pas, Guy.

— Je ne suis vraiment pas inquiet, Joseph. Je cherche juste les arguments qui pourraient porter.

— Je comprends. Mais il faut que tu saches qu'il n'y a pas beaucoup de journalistes aujourd'hui qui s'intéressent aux groupes armés comme le FDLR autrement que pour les juger ou les voir comme des guerriers sanguinaires. Or ce n'est pas l'angle de ton sujet. Tu t'intéresses à la fabrication du *makala* et aux gens qui en vivent. Je crois que c'est là-dessus qu'il va falloir insister. C'est l'aspect humain et les conditions de vie qu'on a intérêt à mettre en exergue lorsqu'on verra le capitaine Freddy.

— Sans doute.

La conversation s'arrête naturellement.

En tournant la tête pour jeter un œil à la vue, j'aperçois la silhouette du volcan Nyiragongo qui se dresse dans la brume. La lave de couleur encre se confond avec le lac et ternit le teint de la forêt luxuriante qui le borde. Il règne dans ce paysage d'eau noire un silence envoûtant. Alors que je me trouve accoudé à la barrière du bateau, mon esprit vagabonde, les souvenirs s'entrechoquent. Les images en noir et blanc de la jungle africaine qui me fascinaient, enfant, dans les *Tarzan* avec Johnny Weissmuller, surgissent d'un coup.

Les rêves d'ailleurs et d'exploration du petit garçon que j'étais refont surface et je revois les lianes, les troncs épais, les arbres gigantesques, les lumières argentées sur les rivières mystérieuses. Et sans le vouloir, alors que le navire file sur le lac Kivu en direction du volcan, mon imagination se lâche et se projette dans les figures de la littérature du XIXe siècle, à bord de l'embarcation de Charles Marlow remontant le fleuve Congo pour retrouver Kurtz, chasseur d'ivoire devenu, sous la plume de Joseph Conrad, chef de bande sanguinaire. Le souvenir d'un monde inconnu et sauvage, celui d'*Au cœur des ténèbres*, émerge soudain alors que, les bras appuyés sur la rambarde, je reste immobile, mon regard scotché sur le volcan Nyiragongo qui se dresse au-dessus de la brume tel un colosse menaçant. Je suis fasciné par ce que je vois et, pendant de longues secondes, j'oublie même la présence de Joseph à mes côtés.

— Le volcan nous salue, Guy. On est presque arrivés, il faut qu'on se prépare.

En l'entendant, je m'extirpe immédiatement de mes pensées. À l'approche de la côte, les villas cossues qui bordent le lac apparaissent. Goma est tout proche. Le calme de la traversée s'arrête net dès l'arrivée au modeste port. En moins de cinq minutes, le bateau déverse quatre cents passagers sur l'embarcadère. Dans la cohue, je me glisse dans la foule avec mon barda en suivant tant bien que mal Guillaume et Joseph, qui attrapent un taxi.

— Monte, Guy. Faut vite sortir du port pour éviter le trafic. Il y a des embouteillages monstres ici.

La nuit tombe et, dans un concert de klaxons, le taxi nous emmène dans le centre-ville. Sur la recommandation de Joseph, nous louons un petit appartement comme base arrière pour sillonner le nord de la région. Un trois-pièces avec deux chambres, qui donnent sur une courette ; pas d'eau chaude, et l'électricité aléatoire. Le modeste confort correspond à la réalité qui s'impose à tous. Personnellement, je n'avais aucune envie de m'installer ici, trop loin des trafiquants. Mais Joseph a insisté, m'expliquant que c'est plus sûr, d'autant que nous circulons sans escorte policière ou gouvernementale. Quand nous avons obtenu nos visas, le ministère de la Communication congolais, avec lequel j'étais en contact, souhaitait nous encadrer. Pour éviter de devoir rendre des comptes, j'ai persuadé les autorités qu'on se débrouillerait très bien par nous-mêmes. Nous voyageons seuls et c'est un atout, mais j'ai la sensation étrange que cette liberté constitue un poids pour Joseph. Le soir venu, il nous fait part de l'énorme responsabilité qui pèse sur ses épaules. Nous guider, sans aucune protection, sur les routes du Nord-Kivu, n'est pas anodin.

— Ici tout peut arriver, les gars. Des embuscades, des combats ou même des enlèvements. On circule dans une des régions les plus dangereuses d'Afrique. C'est beaucoup plus compliqué que là où on était avec les Batwa. Il n'y a personne avec nous. Donc à partir de demain, quand on part sur le terrain, je vous demande de suivre mes instructions. Ne faites surtout pas les têtes brûlées. Je ne veux pas qu'il vous arrive quoi que ce soit.

Nous écoutons attentivement ses mises en garde. Mais de semaine en semaine, ces remarques répétées finiront par nous lasser au point de susciter chez moi, comme chez Guillaume, de l'agacement et certaines mises au point peu agréables.

— Tu sais, Joseph, nous n'avons aucune envie qu'il nous arrive quoi que ce soit. Mais j'ai une certaine habitude du terrain, et ce, depuis fort longtemps. Donc permets-moi d'être en mesure de juger du danger par moi-même, si cela ne te dérange pas. Je te remercie.

— OK, mais n'oubliez pas que nous sommes dans une zone de guerre. Et la zone que nous sillonnons, contrôlée par le FDLR et les trafiquants, est précisément une zone de combat.

— On ne l'oublie pas, rassure-toi.

Chapitre 8

L'aube commence à peine à se lever lorsque Joseph démarre son 4 x 4. Nous sillonnons Goma dans un silence quasi absolu. Pas un chat, pas une âme qui vive. Il flotte une impression étrange de traverser une ville fantôme. Les rues sont comme abandonnées, complètement désertes, si ce n'est quelques véhicules blindés blancs siglés « UN » en lettres noires croisés sur les artères principales. Depuis près de vingt-cinq ans, les habitants de la ville cohabitent tant bien que mal avec la mission de maintien de la paix des Nations unies en RDC. Son contingent, fort de quatorze mille Casques bleus, basé à Goma et déployé au Nord-Kivu, constitue l'une des forces d'interposition de l'ONU les plus importantes au monde, mais aussi l'une des plus contestées. Son inefficacité à combattre les groupes armés a fini par braquer une grande partie des Congolais et déclencher leur colère. Il y a moins de deux mois, dix-neuf personnes ont ainsi été tuées lors de manifestations particulièrement violentes contre la présence de l'ONU au Kivu.

Dès que nous quittons Goma, les symboles onusiens disparaissent. Nous filons vers le nord sur une route quasiment déserte. Seul un barrage policier à la sortie de la ville nous rappelle la tension sécuritaire qui règne dans la région. Et comme d'habitude, à l'approche du checkpoint, Joseph nous indique la consigne.

— Il y a un barrage de flics, donc rangez la caméra, sinon ça risque de durer des heures et nous coûter beaucoup plus d'argent que nécessaire.

Nous nous exécutons et le passage s'effectue sans heurt. Après un rapide échange mené avec le sourire, et quelques milliers de francs congolais distribués aux gardes-barrières, Joseph reprend la route, son regard vigilant et mobile alternant tour à tour entre le pare-brise et le rétroviseur.

— On entre dans une zone de front maintenant, les gars.

— Et c'est dans cette zone que se trouvent le capitaine Freddy et les rebelles du FDLR ?

— Oui, pas très loin. Ils sont à une vingtaine de kilomètres, au pied du volcan.

— Et où se trouve la forêt ?

— Vous allez commencer à la voir quand on approchera du Nyiragongo. Toute cette zone est une zone écologique protégée. C'est l'une des plus riches réserves de biodiversité du continent. Et c'est pour toutes ses richesses que les gens se font la guerre.

Pour l'instant, la guerre est invisible. De part et d'autre de la chaussée, des habitations faites de tôle et de bois se mêlent à la brousse d'où sortent des groupes d'enfants en uniforme bleu et blanc pour aller à l'école. Après trente minutes de trajet, nous quittons brusquement la route pour une piste sinueuse tracée à travers la brousse vers le volcan. Au loin, les premiers signes visibles de forêt apparaissent. Le visage presque collé contre le pare-brise, Joseph, aux aguets, roule à faible allure.

— OK, on se tient tranquilles. Regardez bien le gros rocher à une centaine de mètres, là-bas, sur la droite... Vous voyez?

— Ah oui, en effet, c'est assez clair.

Au loin, sur un promontoire, un militaire se tient debout, les yeux dissimulés sous des lunettes de soleil aviateur de type Ray-Ban, les mains agrippées à une kalachnikov.

— C'est un militaire ou un rebelle?

— Un rebelle. Il fait partie du FDLR.

— C'est bizarre, il est habillé comme un militaire. Comment est-ce que tu fais la différence?

— Les militaires ont un écusson du drapeau congolais cousu au niveau de l'épaule sur leur uniforme. Ce n'est pas le cas des rebelles. Voilà, de manière assez simple, comment on peut les distinguer.

En nous voyant arriver, l'homme nous fait signe d'arrêter le moteur puis il saisit un talkie-walkie, y prononce quelques mots en swahili, marque une pause avant que la voix de son interlocuteur ne se fasse de nouveau entendre parmi les grésillements de son appareil. Après une poignée de secondes d'échange, il jette un regard vers notre voiture et hoche la tête. Aussitôt, Joseph reprend la piste – un chemin abrupt et caillouteux qui se termine, deux kilomètres plus loin, dans un paysage lunaire et fantomatique de lave séchée, au pied du volcan Nyiragongo.

En sortant de la voiture, une dizaine de jeunes hommes en treillis, armés de machettes et de fusils mitrailleurs, nous attendent de pied ferme pour nous guider dans un bosquet en contrebas du volcan où s'élève une cabane de fortune recouverte d'une bâche en plastique, au milieu d'un parterre de détritus et de cannettes de bière vides. À l'intérieur, assis sur une chaise en plastique fissurée entre une caisse de bouteilles d'alcool et sa kalachnikov, un homme petit et costaud d'une quarantaine d'années, la moustache soigneusement taillée sur un visage anguleux, casquette militaire vissée sur la tête, lâche son smartphone en nous apercevant et se lève pour nous accueillir. En lui serrant la main, une sensation étrange et paradoxale me traverse. Je vois un sourire dans son regard, une forme d'amabilité et de bienveillance se dégage de la profondeur de ses yeux noirs, alors même que l'homme devant lequel je me trouve appartient à un groupe terroriste dont il est, ici dans la zone, un des membres les plus actifs. Pendant les secondes où je le fixe avec courtoisie, je ne peux m'empêcher de m'interroger. Cette empathie que je projette dans son regard est-elle une illusion ? Sans vraiment en connaître les raisons, la question me paraît importante et alimente ma propre curiosité, au-delà même de l'enjeu de notre rencontre pour mon documentaire. Avec gentillesse, il m'invite à prendre place face à lui sur un banc, aux côtés de Guillaume et Joseph qui immédiatement l'interpelle en swahili, avec enthousiasme.

— Capitaine Freddy, merci de nous recevoir !

— Merci à vous de venir nous voir, je suis très sensible à votre visite…

Il fait soudain une pause et nous observe silencieusement pendant de longues secondes avec le même regard presque tendre, avant de reprendre.

— Je peux vous proposer quelque chose à boire ?

Ma réplique est immédiate :

— Avec grand plaisir.

Aussitôt, le capitaine Freddy sort une bouteille d'alcool blanc artisanal de sa caisse qu'il verse dans des gobelets en plastique. Au même instant, je jette un œil à ma montre. En voyant les aiguilles indiquer 8 h 10, j'entends le son de ma propre voix résonner dans mon cerveau et chuchoter que « rien n'a d'importance à part l'expérience du moment présent, à condition de ne pas être naïf ». Le gobelet en main et les yeux fixés sur le capitaine Freddy, je demeure immobile, à l'écoute de mon propre monologue qui ne cesse de répéter : « Attends qu'il se mette à boire avant d'avaler la moindre gorgée. » Comme s'il avait entendu, le capitaine Freddy lève son verre, me fixe un court instant, puis l'engloutit cul sec. Je suis son exemple et dès la première gorgée, je sens une boule de feu éclater dans ma bouche, puis se propager le long de mon œsophage jusque dans mon estomac. Je suis à jeun et j'ignore ce que je viens d'avaler, un arrière-goût d'éther se fixe sur mon palais mais, subitement, mes nerfs se relâchent, ma respiration ralentit, au point de me sentir presque détendu au moment de démarrer notre discussion. Et j'entends ma petite voix se remettre à murmurer que rien n'a d'importance à part l'expérience unique que je suis en train de vivre.

Tandis que je repose mon gobelet aux trois quarts plein, le capitaine Freddy m'interpelle, via la traduction de Joseph.

— Qu'est-ce que je peux faire pour vous ?

L'ivresse me fait sourire comme un benêt, et le capitaine Freddy voit très bien l'état dans lequel m'a mis son tord-boyaux – peut-être même l'a-t-il souhaité. Alors avant de répondre à sa question, je prends le temps nécessaire – en suggérant un contrecoup de l'alcool – pour passer en revue les arguments que l'officier du FDLR assis devant moi pourrait avoir envie d'entendre de la part d'un journaliste qui cherche à le convaincre de lui ouvrir la zone qu'il contrôle.

Plusieurs secondes de réflexion s'écoulent au milieu du silence, avant que je décide, enfin, de me lancer.

— Guillaume et moi réalisons un documentaire sur la déforestation et le commerce de *makala*. L'idée est d'expliquer les raisons qui poussent les populations locales à en arriver là. On veut comprendre en quoi les conditions de vie, ici au Kivu, obligent les gens à abattre la forêt et transformer tout le bois en charbon.

— La réponse est très simple : les gens n'ont pas d'autre moyen de subvenir à leurs besoins. Sans la forêt, il n'y a rien. Pas de travail. Pas d'argent. Pas de quoi nourrir leur famille. C'est la misère, ici.

— C'est justement cette réalité que nous souhaitons montrer. Cet aspect est rarement raconté. Le FDLR fait parler de lui par la guerre que vous menez au Kivu, mais jamais sous cet angle-là.

— Les journalistes, malheureusement, ne s'intéressent qu'à la guerre.

Je ne suis évidemment pas dupe. Je sais bien que son discours est une posture. Le FDLR – comme les autres groupes armés dans la région – a mis en place un système d'une simplicité biblique. Par la terreur, il fait payer leur protection aux fabricants et trafiquants de *makala*. L'argent collecté lui permet ainsi de se rémunérer et d'armer ses troupes. Mais pour l'heure, il me faut l'amadouer en le persuadant que ce qui m'intéresse est bien différent.

— Justement, nous venons de France pour montrer une autre facette de la réalité et de ce qui se passe dans votre pays. On ne détruit pas la forêt par plaisir, j'imagine !

Il me ressert à boire et de son côté avale un énième verre. Ses yeux sont injectés de sang. Le regard bienveillant a disparu. Le ton de sa voix est lent, comme épuisé, et empâté par l'effet de l'alcool.

— OK… Qu'est-ce que vous me proposez… Qu'est-ce qu'il y a pour moi… dans cette affaire ?

Je devine évidemment ce qu'il veut. Mais comme je n'ai aucune intention de le lui donner, il me faut trouver une alternative.

— Quels sont vos besoins ?

En silence, il lève la main droite, puis réunit son pouce et son index pour les frotter l'un contre l'autre, en me fixant avec un sourire narquois.

— Je comprends. Mais je ne peux pas vous payer. Je vais essayer de vous expliquer. L'information obtenue contre une somme d'argent, c'est compliqué chez nous en France, c'est quelque chose qu'on ne fait pas. Une telle pratique est perçue, légitimement, comme suspecte, comme si on achetait la parole d'un individu. Donc forcément on se dit que la confiance est biaisée. Et puis donner de l'argent, c'est entrer dans un cercle vicieux qui peut devenir un marchandage infernal. J'aimerais vraiment qu'on trouve un autre moyen qui puisse tout de même vous satisfaire et nous permettre d'effectuer notre travail comme on le pratique habituellement. Je me permets de vous répéter ma question : quels sont vos besoins ?

Je vois alors son regard se poser sur l'objet que Joseph a entre les mains : le talkie-walkie qu'on a acheté la veille.

« Ça », me dit-il en désignant l'appareil d'un coup de menton.

— Entendu, je vous garantis qu'à la fin du tournage, je vous donnerai notre talkie-walkie.

Il prend son gobelet et l'engloutit puis se met à sourire. Je retrouve son regard. Et soudain, il se lève et me dit :

— OK, c'est d'accord. Vous pouvez filmer les gens qui font du *makala* dans la zone. Mais à deux conditions.

— Je vous écoute.

— Que vous ne me filmiez jamais et que vous restiez sur le terrain qui est immédiatement sous mon contrôle

— C'est très clair, vous pouvez compter sur moi !

Je mesure immédiatement l'importance du rôle des milices. Dès qu'on veut s'enfoncer dans la forêt, on entre dans des zones contrôlées par des hommes armés en uniforme. Impossible de passer outre. Avant de prendre congé, le capitaine Freddy s'empare de son téléphone, passe un appel.

— Allô, Justin, le groupe de Français t'attend. J'ai accepté qu'ils filment.

Son ordre s'exécute sur-le-champ. Moins de deux minutes plus tard, un jeune homme d'une trentaine d'années entre dans la cahute. Le regard effronté, la barbe taillée de près, il porte une casquette de baseball bleu foncé des « New York Yankees », une veste violette au liseré orange et des bottes de pluie noires et brillantes, en caoutchouc. Accrochée à sa ceinture, une machette qu'il tient fermement de la main droite pend le long de son pantalon en jean de marque, neuf et bleu foncé. En apercevant Joseph, il s'approche aussitôt pour lui tendre la main.

— Joseph, comment vas-tu ?

— Ravi de te voir, Justin. Je te présente Guy et Guillaume. On y est enfin. Ce sont eux qui réalisent le documentaire dont je t'ai parlé.

Justin m'observe avec un léger rictus puis me serre la main ainsi que celle de Guillaume, en prononçant quelques mots dans un français hésitant.

— Bonjour… je suis Justin… vous allez bien ?

— Bonjour, je m'appelle Guy et je vous présente Guillaume. Je vais très bien et vous ? Je suis ravi de faire votre connaissance.

À cet instant, il se retourne vers Joseph :

— OK, allons-y !

Guillaume saisit aussitôt sa caméra pour filmer la situation et suivre Justin qui d'un pas décidé quitte le bosquet.

— On va se rendre à un kilomètre d'ici. Là où on travaille en ce moment.

Après deux heures de discussions sinueuses avec le capitaine Freddy, le tournage a enfin pu démarrer, et pourtant Joseph semble toujours aussi tendu. Sur le chemin, tandis qu'à quelques mètres Guillaume tourne, il s'approche discrètement pour m'alerter.

— Tournez tout ce que vous pouvez aujourd'hui. Parce qu'on ne sait pas si ces types nous laisseront revenir demain.

— OK, je comprends.

Sur le chemin, je m'approche de Guillaume alors qu'il suit, caméra au poing, Justin au plus près. Le sol craquelle sous nos pieds. Le long du volcan Nyiragongo, la terre noire qui forme une grande plaque de lave séchée change brusquement de nature. La surface paraît s'être métamorphosée en tapis de cendre. Je rejoins Justin qui marche juste devant moi pour l'interpeller sur le vif.

— Justin !

— Oui !

— On dirait qu'on marche sur des cendres. Est-ce que ça veut dire qu'ici il y avait une forêt, avant ? Cette forêt, vous l'avez détruite volontairement ?

— Oui, effectivement, ce sont des arbres qu'on a coupés. Mais ce n'étaient pas de grands arbres. C'étaient des arbres moyens. Cet endroit n'était pas exploité. Il n'y avait pas du tout d'agriculture. C'était juste une forêt.

— En tout cas, pour celui qui comme moi découvre ce lieu, il est étrange de marcher dans un espace où il n'y a plus de vie, où il n'y a plus que de la cendre.

— Effectivement, comme vous le voyez, c'est vide, il n'y a plus rien.

Justin n'y voit aucun problème, n'éprouve aucun état d'âme, comme s'il ignorait la valeur du vivant qu'il détruit. Il y a encore quelques jours s'élevait donc ici, à cet emplacement précis, une forêt majestueuse. Il n'en subsiste que de rares souches. Et aujourd'hui, sur cette friche, un groupe d'hommes et de femmes s'acharnent sur les restes de troncs encore debout. D'un hochement de tête, Justin salue chacun d'eux, dès qu'il les croise sur son passage.

— Ils travaillent tous pour vous ?

— Oui, ils sont un peu partout sur la zone. Et surtout là-bas, au fond. Là où on va.

— Là où il y a de la fumée ?

— Exactement !

La déforestation, je le découvre avec effroi, prend des proportions alarmantes dans la zone qui encercle le volcan Nyiragongo. Une destruction effectuée par le biais d'une méthode qu'il n'est pas excessif de qualifier d'industrielle. Sur cette parcelle longue de deux kilomètres, une armée de cent trente coupeurs de bois munis de haches et de machettes s'active sous la surveillance de Justin en suivant un mode opératoire précis. Les arbres sont abattus, puis débités en bûches, avant d'être entassés en monticules, et recouverts de terre afin de former d'énormes fours d'où sortent les fumées blanches que j'ai vues au loin.

Rien qu'aujourd'hui, sous nos yeux, l'équipe de Justin opère sur une dizaine de fours en terre. En m'approchant de l'un d'eux – un four gigantesque de deux mètres de haut –, je remarque une fente en contrebas, à l'intérieur de laquelle des arbres découpés en une multitude de bûches, entreposées verticalement, attendent d'être carbonisés.

— Il y a combien d'arbres à l'intérieur de celui-ci, Justin ?

Tandis que je l'interroge, il grimpe sur le sommet du four et, avant de me répondre, contemple avec fierté les dégâts qu'il a réalisés sur la zone.

— Un four comme celui-là représente beaucoup, beaucoup, beaucoup d'arbres.

— Mais combien ?

— Dans ce four, on peut faire entrer… je dirais… cinq grands arbres.

Quand le bois sera transformé en charbon, m'explique Justin, il rapportera beaucoup d'argent. Ainsi un bon four peut produire dix sacs de cinquante kilos de charbon, soit cinq cents kilos de *makala*. Valeur marchande : 2000 euros. Une somme colossale au Congo. Pour des trafiquants comme Justin, cela justifie largement de prendre certains risques.

— Vous pouvez être emprisonnés pour cette activité. C'est illégal.

— Oui, c'est dangereux. Si les autorités m'attrapent, elles me jetteront en prison.

Si j'interprète correctement son rictus, Justin n'a pas vraiment l'air de prendre la menace au sérieux.

— Et quel revenu cela vous rapporte, à vous, chaque mois ?

— J'ai des travailleurs que je dois payer, mais, par mois... je dirais... pas moins de 500 dollars.

500 dollars : près de dix fois le salaire moyen au Congo. Justin et sa bande tiennent la zone. Pour eux, le trafic de *makala* est extrêmement rentable. Et des dizaines de familles de la région travaillent pour lui.

À quelques dizaines de mètres, je me rapproche d'un homme qui, avec sa femme et ses quatre très jeunes enfants – l'aîné ne doit pas être âgé de plus de dix ans –, s'attelle à disperser les braises fumantes avec des bâtons pour qu'elles refroidissent.

— Une fois que vous aurez déblayé tout ceci, qu'est-ce que vous allez en faire ?

— On va le mettre dans des sacs et on l'emmènera au marché à Goma.

— Combien de jours de travail ça demande ?

— Une semaine.

— Et ce sac se vendra combien ?

— Environ 5 dollars, pour un sac de trente kilos.

Une semaine pour 5 dollars. Voilà où nous en sommes. Et pour avoir le droit de travailler sur cette parcelle, cette famille devra donner à Justin la moitié de ses revenus. Des chefs de bande comme lui ont ainsi fait du *makala* leur fonds de commerce. Mais un commerce que Justin ne peut voir prospérer qu'avec la bénédiction du FDLR, auquel il est affilié via le capitaine Freddy, et auquel il reverse un pourcentage sur le charbon vendu. Car une fois le *makala* mis en sac, des hommes et des femmes des villages environnants se chargent du transport – par moto, mobylette, triporteur, vélo ou camion – afin de livrer les détaillants du marché de Goma. Ainsi exfiltrées illégalement de la forêt du Nord-Kivu, trente à soixante tonnes de charbon transitent chaque jour vers Goma. Une contrebande estimée à près de 40 millions d'euros par an.

Le système mis en place par Justin repose donc sur une organisation capable de fournir des quantités de *makala* à flux tendu. Mais encore faut-il avoir accès en abondance à la matière première. C'est sans doute la raison pour laquelle rien n'échappe à son attention. Devant moi, Justin donne l'ordre à ses travailleurs d'achever les arbres et les quelques troncs dispersés sur le terrain calciné où nous nous trouvons. Il répète la même phrase à tous ceux qu'il croise une machette à la main.

— *Nenda haraka, nenda haraka.*

En entendant Justin s'égosiller, je regarde Joseph avec étonnement.

— Ça veut dire : « Allez, allez, plus vite » en swahili, lâche-t-il avec un sourire.

En observant la scène et la dizaine de coupeurs qui, équipés de simples machettes, terminent de massacrer le peu de ce qu'il reste sur la zone, une question commence à tourner en boucle dans ma tête. Haches et coupe-coupe sont-ils vraiment les seules armes qu'utilisent les hommes de Justin pour détruire des centaines d'hectares de forêt et ainsi alimenter des quantités industrielles de bois pour le trafic de *makala* ?

La réponse de Justin est directe.

— Non, évidemment. Quand on s'enfonce plus loin dans la forêt épaisse, on utilise des machines.

— Il me serait possible de les voir ?

— Ça, c'est une autre affaire. Ce n'est pas moi qui décide.

— Qui décide ?

En jetant un œil sur un gamin en uniforme militaire armé d'une kalachnikov qui surveille la zone à quelques mètres, Justin réagit sans même me calculer du regard.

— Le FDLR ! Il faut voir ça avec le commandement du FDLR.

— Le capitaine Freddy ?

— Non, ses supérieurs, ceux qui dirigent les opérations dans toute la région.

— Comment peut-on les trouver ?

— Il faut aller à Rugari. C'est un village plus au nord. Mais soyez prudents.

Chapitre 9

La bassine est pleine. L'eau est noire de crasse. La mousse déborde de partout.

À force de frotter, la boue finit par disparaître et mon treillis reprend des couleurs. Muni d'un savon de Marseille, je profite de cette matinée pour faire un grand nettoyage. Depuis deux bonnes heures, la petite cour adjacente à l'appartement que nous louons à Goma est transformée en lavoir où Guillaume et moi, chacun sur sa bassine, récurons nos vêtements en silence. À mes pieds, mon sac à dos dégage une odeur nauséabonde de transpiration laissée par l'empreinte de mes t-shirts, chaussettes et pantalons qui y reposent en boule depuis le début du voyage, il y a dix jours. Un décrassage était donc indispensable, et cela tombe bien parce qu'on n'a rien de mieux à faire. Nous sommes dans l'attente. Depuis que nous avons quitté Justin avant-hier soir, Joseph enquête de son côté afin de savoir comment il nous serait possible d'entrer en contact avec un haut responsable du FDLR, à Rugari.

— Il faut être un peu patient, Guy, m'a-t-il averti sur le chemin du retour. Trouver le contact fiable est compliqué au sein des groupes armés. J'ai besoin d'un peu de temps pour passer des coups de fil.

— Évidemment, Joseph, je comprends. On va en profiter de notre côté pour tourner des « *beauties* » de Goma et des alentours.

Et ce matin au petit déjeuner, en visionnant les images de drone réalisées hier par Guillaume, l'impression était saisissante : une urbanisation galopante dans une ville coincée entre un lac, une frontière et surtout un volcan particulièrement hostile. À seulement quinze kilomètres de distance, le Nyiragongo fait peser une menace existentielle sur la cité. Ce qui se comprend aisément au vu des événements passés. Le 22 mai 2021, les deux millions d'habitants de Goma ont ainsi évité de justesse une tragédie lorsque la lave de l'éruption du volcan s'est arrêtée aux portes de la ville. Une forme de miracle compte tenu de ses antécédents meurtriers. Personne ici n'a oublié les centaines de morts et plus de cent mille sans abris provoqués par la précédente éruption en 2002. Depuis, Goma vit comme dans un sursis permanent.

— Bong, bong, bong.

Le bruit du portail en tôle me sort soudain de mes pensées. Les coups de poing contre la paroi sont lourds. En ouvrant la porte, je découvre Joseph. Pressé, tendu, à l'affût.

— Faut qu'on y aille. On a rendez-vous à Rugari.

Aussitôt nous sautons dans sa voiture. Il met le contact et accélère. Alors que nous quittons Goma pour prendre la route du nord, il nous informe de son plan.

— J'ai eu des contacts au sein du FDLR. La personne qu'on doit voir s'appelle Noël. Il est commandant et supervise toute la zone de Rugari. C'est un lieu assez vaste au nord, qui s'étend jusqu'au volcan où se trouvent le capitaine Freddy et toute la bande de coupeurs de Justin. En fait tout est plutôt simple : si Noël nous donne l'autorisation de suivre les coupeurs de Justin dans la forêt, le capitaine Freddy ne s'y opposera pas.

— Et où a lieu le rendez-vous avec le commandant Noël ?

— On en saura plus une fois là-bas. Les informations viennent au compte-gouttes.

Le regard fixé sur la route qui se déroule devant nous, le visage de Joseph est fermé. Son ton est froid.

— C'est un endroit compliqué, Rugari. Avec les groupes armés, ça peut être dangereux. Je sais que je me répète, mais les Occidentaux viennent rarement dans les parages. Ils ne sont pas les bienvenus.

Je comprends évidemment ce qui l'inquiète. À Rugari, nous sommes la cible potentielle, et très visible, des différents groupes armés qui sévissent dans la région. Milices FDLR, rebelles M23, combattants ADF, maquisards Maï-Maï : des dizaines de petites armées se battent afin de mettre la main sur la zone et ses richesses, en commettant toutes sortes d'exactions.

— Les enlèvements de « muzungus » et les assassinats, ce n'est pas une légende, Guy. Il y a eu des drames.

— Muzungus ?

— Les Blancs, en swahili.

Je comprends aussitôt son allusion. Sur cette même route, en 2021, à quelques kilomètres de Rugari, Luca Attanasio, l'ambassadeur d'Italie en RDC, son chauffeur et son garde du corps ont été tués dans une embuscade. Le meurtre du diplomate est un traumatisme encore vivace pour les fixeurs locaux comme Joseph et cette tragédie n'est hélas pas exceptionnelle. Il se passe rarement une semaine sans que des massacres de civils aient lieu dans cette partie du Nord-Kivu. Les Congolais sont évidemment ceux qui en paient le plus lourd tribut. Selon les Nations unies, pour la seule année 2021, plus de mille civils ont été massacrés dans les environs par les milices armées et les forces de sécurité congolaises. Les craintes de Joseph sont donc parfaitement légitimes. Néanmoins, je m'en tiens à l'unique et fondamentale raison de notre déplacement à Rugari : aller rencontrer un chef rebelle.

— On n'est pas des têtes brûlées, Joseph. On va voir le commandant Noël et on s'en tient à cela.

Pendant le reste du voyage, Joseph est silencieux. L'heure et demie de trajet s'effectue sur une route partiellement goudronnée qui semble tracée entre deux mondes. Sur la gauche, d'épaisses forêts longent la voie tandis qu'à droite, l'immensité majestueuse de la brousse s'étend à l'horizon. Par endroits, la circulation est dense. D'énormes poids lourds remplis de *makala* succèdent aux mobylettes – voire parfois de simples bicyclettes – sur lesquelles tanguent, tel un monolithe en équilibre précaire, une dizaine de sacs de charbon de bois attachés les uns au-dessus des autres sur les porte-bagages.

Plus on s'enfonce vers le nord, plus la présence d'hommes sanglés de fusils mitrailleurs devient visible. Dans l'habitacle, il est bien difficile de distinguer les rebelles des militaires. Pensant au théâtre dans lequel nous sommes immergés pour la réalisation de ce documentaire, un sentiment commence à prendre forme dans mon esprit. Cet endroit du monde n'attire quasiment jamais l'attention des médias, il s'agit d'un conflit oublié, une région livrée à elle-même et à ses vautours, une nature qu'on fracasse pour ses sous-sols et ses richesses dans une indifférence tristement générale – à Kinshasa, où siège le pouvoir central congolais, comme à l'extérieur de la RDC. Et pourtant il se joue ici au Kivu une urgence humaine et climatique absolue. Une urgence liée à la prédation et à la survie, celle des populations locales mais aussi la nôtre, parce que la disparation de la forêt tropicale et de son écosystème a pour effet de détraquer encore davantage notre climat. Il y a quelque chose de fou ici. Tout est possible, tout est susceptible de déraper, et le sublime de la nature peut en un instant, en un seul claquement de doigts, disparaître pour devenir le théâtre d'un bain de sang. Cet endroit constitue, à mes yeux, un paradoxe où l'obscur et le tragique côtoient en permanence la pulsion de vie. Un endroit qui inspire autant la révolte que l'empathie.

— Guy, on arrive.

Alors que nous entrons dans Rugari, Joseph se met à ralentir. La route goudronnée a laissé place à unc épaisse terre battue foncée. De part et d'autre se succèdent de modestes maisons en bois d'un seul niveau avec pour unique toiture de larges morceaux de tôle recyclée. Très vite, le 4 x 4 de Joseph attire l'attention. Les unes après les autres, des silhouettes émergent de leur domicile et des visages apparaissent soudain le long de la route principle du village. Tous nous suivent du regard tandis que nous garons la voiture devant ce qui paraît être le seul café de Rugari. Avant de sortir, Joseph fait une nouvelle mise au point.

— Bon, voilà ce que je propose. Je vais aller retrouver mon contact à l'intérieur du bar. Et vous, vous ne bougez pas avant que je revienne.

Nous l'écoutons en silence poursuivre.

— Ah il me faut des billets…

— Comment ça ?

— Écoute, Guy, c'est le jeu. Pour atteindre le commandant Noël, je dois avoir du biscuit à donner, sinon il ne se passera rien. Et cette fois une bière ou même des talkies ne suffiront pas. Demande à tes collègues journalistes anglais ou américains qui travaillent ici. Ils sont habitués. C'est ça ou rien. À toi de me dire.

— Combien ?

— 50 000 francs congolais. Soit un peu moins de 20 dollars.

Billets en poche, Joseph quitte la voiture et s'engouffre dans le café. Vitres ouvertes, Guillaume et moi l'attendons en taquinant les enfants qui, par curiosité, tournent autour du SUV. C'est étrange mais la tension qui soi-disant règne à Rugari ne parvient pas à nous atteindre. À part le rire des enfants, tout est calme. Au bout de quelques minutes, nous décidons de sortir pour tourner des images dans la rue. Guillaume tient fermement sa caméra en main, visible de tous. Là encore, aucune réaction d'hostilité ne se manifeste lorsqu'il s'approche des habitants. Au contraire. L'ambiance est bon enfant. Il suffit que j'ouvre la bouche en essayant de baragouiner en swahili pour que des fous rires se déclenchent.

— *Jambo… haba rigani… sir !*

Avec mon accent moitié français, moitié anglais, ma façon de dire « bonjour, comment allez-vous » est apparemment hilarante. Les éclats de rire sont mutuels et bienveillants. Une idée me vient alors, que je partage avec Guillaume.

— Au-delà du commandant Noël, ce serait intéressant d'aller vers les gens pour savoir si eux aussi vivent de la coupe de bois et si d'autres moyens existent pour entrer au cœur de la forêt. Qu'en penses-tu ?

— Carrément. D'autant que le danger de Rugari, pour l'instant, je ne le vois nulle part.

À cet instant, Joseph sort du bar et nous rejoint après un rendez-vous de vingt-cinq minutes. En démarrant son débriefing, il a l'air hésitant, comme gêné.

— Bon... j'ai vu mon contact... et il y a un petit contretemps.

— C'est-à-dire ?

— Le commandant Noël ne peut pas venir maintenant... mais plutôt en fin de journée.

— Comment ça « plutôt en fin de journée » ? Ça veut dire quoi exactement ?

— Ça veut dire qu'il faut qu'on attende... et qu'il va venir... Mais le type m'a dit : « Fin de journée. » Vers 18 heures. Ça nous laisse trois heures à attendre.

Je croise le regard de Guillaume et immédiatement je lis sur son visage, dans ses yeux, le même doute que celui que je ressens.

— Tu es bien certain qu'on va le voir ?

— Oui oui, Guy. Je te l'ai dit ce matin. Je te le redis maintenant.

— Mais pourquoi est-ce qu'il a retardé le rendez-vous ?

— Tu sais, ici, c'est comme ça. Les horaires et les rendez-vous ne sont pas aussi précis qu'en Europe. Il faut savoir s'adapter.

— OK, je comprends. Mais en attendant, on aimerait rencontrer des gens du village et des coupeurs de bois.

Joseph esquisse un léger mouvement de sourcils, comme s'il était troublé par ma réponse.

— Tu sais, ce n'est pas sûr ici. Je ne suis pas certain que ce soit une bonne idée de se balader.

— Les gens que Guillaume a filmés dans la rue ne sont pas du tout hostiles. Je voudrais qu'on essaie.

— OK, essayons.

Joseph nous guide vers l'église de Rugari. La population étant majoritairement catholique, la paroisse peut s'avérer utile, pour établir des contacts. Après quelques centaines de mètres, nous approchons d'un presbytère aux murs grisâtres, qui trône au milieu de collines verdoyantes, d'où sort un groupe d'hommes entourant un prêtre. Joseph s'avance dans leur direction. Après un échange en swahili destiné à nous présenter, l'un d'eux – grand et massif en costume sombre – me tend la main et, en souriant, me salue dans un français impeccable.

— Votre guide me dit que vous cherchez des coupeurs de bois, n'est-ce pas ?

— Oui, monsieur, c'est exact. Vous en connaissez ?

— En effet, je dirige moi-même des coupeurs de bois.

— Et cela veut dire que vous coupez vous-même ?

— Oui, avec mes équipes.

— Allez-vous prochainement dans la forêt ?

— Dans deux jours, il est prévu que nous nous y rendions.

— Pourrions-nous vous accompagner ?

Je n'imagine pas à cet instant à quel point je suis en train de me faire balader. Mon interlocuteur me répond de la façon la plus sereine et décontractée qui soit.

— C'est tout à fait envisageable, oui. La seule chose qui vous est nécessaire est d'obtenir l'autorisation de l'entité administrative de Rugari.

— Je comprends : à qui dois-je m'adresser ?

Avec un large sourire, il me répond du tac au tac.

— Mon frère. C'est le responsable de la zone administrative. Prenez rendez-vous avec lui et revenez me voir.

Je m'empresse de rendre visite au « préfet » après avoir obtenu un rendez-vous avec son secrétariat. Son bureau est situé dans une bâtisse en ciment construite sur une des collines qui dominent la commune de Rugari. Il ressemble comme deux gouttes d'eau à son frère : forte carrure et voix grave qui porte.

J'entame la conversation en exposant la démarche au cœur de mon projet : raconter comment, faute de revenus suffisants, les populations locales ont recours à la coupe des arbres. Filmer leur vie quotidienne et les accompagner dans la forêt serait donc un moyen d'expliquer, de donner à voir et à comprendre leur situation. Le préfet me regarde droit dans les yeux. Il laisse un long silence s'installer à l'issue de mon laïus.

Puis avec beaucoup de soin, il se lance dans un numéro de haute voltige, qu'il a manifestement rodé avec son frère.

— Cher monsieur, pourquoi me demandez-vous de vous donner accès à quelque chose *qui n'existe pas*? Vous savez comme moi, puisque vous êtes quelqu'un de *très informé*, que la coupe de bois est illégale. Donc là où vous vous trouvez, à savoir une enceinte officielle représentant *la République démocratique du Congo*, il n'y a pas de coupe de bois, puisque c'est illégal ! Donc comment pourrais-je vous donner une autorisation pour quelque chose dont *je n'ai pas connaissance*?

Perdre davantage de temps ne sert à rien. Je quitte mon interlocuteur, agacé de m'être fait aussi facilement mener en bateau. Une sensation très désagréable que je parviens néanmoins à tempérer rapidement grâce à une notion qui m'est essentielle dans mon travail : celle d'accepter les aléas du terrain et d'en tirer les leçons. En sortant du bureau, j'ai compris quelque chose de particulièrement instructif concernant l'épisode que je viens de vivre : le frère de ce préfet possède une entreprise qui organise toute la coupe ; cette coupe se fait sous la protection des FDLR, groupe armé officiellement interdit en RDC ; et de son côté, en tant que préfet, il est chargé d'organiser les forces de l'ordre. N'est-ce pas là l'illustration particulièrement exemplaire du fonctionnement d'un système corrompu et de son degré d'extrême perversion, un système où tout le monde finit par tenir tout le monde, au nom d'un trafic très lucratif, celui du pillage des ressources naturelles ?

La fin de journée approche et notre rendez-vous dans le bar avec le commandant Noël doit maintenant avoir lieu, même si à ce stade je ne me fais plus aucune illusion. Alors que je m'apprête à faire mon entrée dans le débit de boissons, Joseph vient me prendre à part et nous demande de monter urgemment dans la voiture.

— Il faut qu'on parte. Il y a des mecs qui parlent de kidnapper les deux Blancs !

— De quoi tu parles ?

Joseph est nerveux et parle vite. Il explique avoir passé un long moment dans le bar pendant que je me trouvais chez le préfet. C'est là qu'il aurait entendu ce qui se trame.

— Je discutais avec le patron et j'entendais deux gars discuter en swahili. Ils disaient qu'ils allaient vous enlever et qu'ils se débarrasseraient du chauffeur en me désignant.

— Et alors ?

— Et alors il faut partir.

— Pars si tu en as envie. Mais moi je vais aller boire une bière au bar.

Je ne me sens pas menacé. Je crois qu'il s'agit plutôt d'un prétexte, car Joseph réalise que Noël ne va pas venir. Et effectivement, Noël ne vient pas. Joseph a-t-il simplement peur ou cherche-t-il à faire diversion pour masquer un échec ? Je sors de la voiture avec

Guillaume et m'engouffre dans le bar pour commander deux bières. Aucun danger n'est perceptible.

Pour la première fois, je m'interroge sur la confiance que je peux réellement avoir dans mon fixeur. Il est là, me dis-je à cet instant, le vrai danger.

Chapitre 10

Le recours aux machines et aux tronçonneuses pour détruire les arbres et les forêts du Kivu a été largement documenté, mais rarement filmé. Étrangement, il y a comme un tabou. Les coupeurs et les milices armées qui les contrôlent ont refusé de nous montrer comment cette méthode industrielle est mise en œuvre pour raser les collines forestières. En revanche, ils n'ont eu aucun problème à faire usage de la machette devant notre caméra. Nous les avons filmés démolissant des arbres centenaires à la hache ou à la scie sans que cela n'émeuve aucun d'eux. Mais un massacre à la tronçonneuse est manifestement une autre affaire. Alors que la nuit tombe sur la route du retour qui nous conduit vers Goma, ce paradoxe occupe mes pensées et je ne parviens pas bien à comprendre. Ce n'est que plus tard, à la fin de mon voyage, qu'une explication me sera livrée. Lors d'une conversation, dans les semaines qui ont suivi, avec Cédric, l'universitaire qui nous a guidés en pays batwa, j'ai abordé la question du tabou des machines et des tronçonneuses, alors que nous filmions des coupeurs de bois achevant les derniers arbres d'une zone forestière humide, à la machette. « D'après moi, m'a-t-il dit, il y a une gêne parce que s'ils se laissent filmer avec leur tronçonneuse, ils envoient le message clair qu'ils assument de faire un massacre, un crime contre la nature. Avec une tronçonneuse et des machines, ils détruisent le vivant avec des moyens beaucoup plus industriels qu'avec un coupe-coupe, une hache ou une machette. Et je ne crois pas qu'ils soient à l'aise avec cela lorsqu'il s'agit de se retrouver devant une caméra. Cela peut paraître bizarre, mais l'utilisation de la machette a peut-être une autre signification pour eux : couper des arbres n'est qu'une nécessité pour survivre. La tronçonneuse, c'est autre chose. C'est une transgression beaucoup plus forte, beaucoup trop forte pour l'assumer devant une caméra », avait conclu Cédric.

C'est pourtant avec ces méthodes industrielles que des dizaines de milliers d'hectares de forêt disparaissent dans la région chaque année. Le Kivu est la région de la RDC où la déforestation est la plus forte. Et la cause première de cette déforestation massive est la fabrication du charbon de bois. Le *makala* fait ainsi l'objet d'un commerce illégal – contrôlé par des milices armées comme le FDLR ou le M23 –, dont le chiffre d'affaires annuel est estimé à près de 40 millions de dollars. Et rien n'indique qu'à l'avenir de tels revenus vont baisser. Dans un pays où près de 90 % de la population n'a pas accès à l'électricité, le charbon de bois représente la seule source d'énergie accessible. La seule façon de cuire sa nourriture ou d'avoir de l'eau chaude est donc d'avoir recours au *makala*.

Au Kivu, le premier débouché pour ce trafic est la principale ville de la région, Goma, desservie par l'artère nord-sud de l'est de la RDC sur laquelle nous roulons en ce moment même, Joseph, Guillaume et moi. Avec le passage incessant des cargaisons de charbon de bois, cette route nationale cabossée est pour ainsi dire devenue « l'autoroute du *makala* ». Et de retour à Goma, je ne vais pas tarder à mesurer l'ampleur de l'addiction de la population à cette source d'énergie.

Sur les marchés, dès le matin, il est partout. Entre boutiques de tissus, marchands de fruits et légumes ou boucheries ambulantes, d'immenses sacs de *makala* remplissent – du sol au plafond – de petites échoppes gardées avec soin par des vendeuses assises sur le trottoir en train de discuter âprement les prix avec des clients qui se bousculent au milieu de la foule. L'une d'elles me demande 5 000 francs congolais, soit 2 euros, pour une petite bassine de *makala*.

— D'où vient-il, lui demandé-je, est-il issu des forêts des environs censées être protégées ?

— Non, non, c'est du *makala* légal, insiste-t-elle. Il vient d'arbres qui ont été plantés spécialement pour ça !

Mais en réalité, la quasi-totalité du charbon de bois vendue à Goma serait produite illégalement. De toute façon, les contrôles sont inexistants et la corruption rampante. Du plus haut fonctionnaire de police au simple citoyen, la plupart des habitants ont recours au *makala*, faute d'une autre source d'énergie disponible. Je m'en suis rendu compte en examinant l'impact du charbon de bois sur la vie quotidienne, lors d'un déjeuner dominical en famille chez des amis de Joseph. Je me souviens encore de notre arrivée, en fin de matinée, dans leur coquette maison d'un quartier résidentiel de Goma. Il n'était que 11 h 30, mais Francine et François et leurs treize enfants s'activaient déjà dans la cour à préparer la table, en attendant une livraison. Une livraison cruciale pour le repas à en juger par leur impatience. Je l'ai compris lorsqu'un transporteur s'est présenté quelques minutes plus tard avec un encombrant sac de jute d'un mètre cinquante de haut et pesant trente kilos. Francine et sa fille aînée de vingt-trois ans, Nathalie, ont immédiatement poussé un ouf de soulagement en voyant les blocs de charbon foncés à travers le sac. En les aidant à porter la cargaison dans la remise près de la cuisine de la maison, je n'ai pu m'empêcher de demander à Nathalie pourquoi elle semblait si anxieuse avant la livraison.

— On n'avait plus du tout de *makala*. Or, sans *makala*, on ne peut pas cuisiner, alors que dans cette maison on est quinze bouches à nourrir. Maintenant qu'on a le *makala*, on est tranquilles pour un peu de temps. Avec ce gros sac, on va pouvoir tenir trois semaines.

Aussitôt elle a plongé ses mains dans le grand sac pour en retirer quelques morceaux qu'elle a déposés à côté de brindilles qui brûlaient dans deux braseros en terre cuite afin de produire des braises. En voyant le charbon se consumer dans les deux réchauds sur lesquels notre déjeuner était en train de cuire, une question m'a titillé.

— Il n'y a pas d'alternative au charbon de bois aujourd'hui, Nathalie ?

— Il y a des solutions. Le réchaud à gaz, par exemple, mais nous, on préfère ne pas utiliser cela à cause des enfants. Les petits jouent beaucoup dans la cuisine et on n'a pas envie qu'ils se mettent à s'amuser avec des bombonnes de gaz qui pourraient exploser. Voilà pourquoi on a besoin du *makala*.

— Mais est-ce que vous avez conscience du fait qu'avec l'utilisation massive du *makala*, il y a moins d'arbres dans la forêt ?

— Oui, nous savons ça. Mais ce n'est pas vraiment un problème parce qu'on coupe un arbre et un autre pousse. On ne voit pas d'inconvénient au *makala*, parce qu'on est habitués à l'utiliser.

La réalité n'est hélas pas si simple. Dans le Kivu, les arbres abattus ne sont pour ainsi dire jamais remplacés. Et quand bien même ils le seraient, l'empreinte écologique d'un jeune arbre ne compense en rien celle d'un arbre de plusieurs dizaines ou centaines d'années qui a été détruit. Il faut attendre des décennies si l'on veut qu'il puisse absorber autant de dioxyde de carbone et rejeter le précieux oxygène et ainsi produire un effet bénéfique sur le climat. Mais ici à Goma, comme partout ailleurs en RDC, les gens n'ont pas le choix et c'est tout le paradoxe du *makala*. La population sait qu'elle détruit la forêt à petit feu, mais elle n'a pas d'alternative pour se nourrir. Dans un pays où moins de deux familles sur dix sont raccordées à l'électricité, le charbon de bois est un combustible simple, modulable, bon marché, accessible à tous. Il suffit d'un récipient en métal pour faire cuire sa nourriture n'importe où. Et c'est bien de cette façon que notre déjeuner est servi dans cette famille de la classe moyenne.

François, le père de famille, est cadre dans le bâtiment. Son épouse Francine est agent de change. Ils ne sont pas riches mais gagnent correctement leur vie. Aujourd'hui, ils ont donc réuni tous leurs enfants autour de la grande table installée dans la petite cour de la maison.

Dans nos assiettes, de la viande de chèvre accompagnée de lingua lingua (un légume de la forêt), une boule de fufu (une pâte à base de maïs) et des poissons frits péchés dans le lac Kivu.

Bien qu'il y ait plus de quinze personnes assises, je suis frappé par le silence. Le plus jeune a moins de dix ans. Mais il ne manifeste aucune agitation. Comme ses douze frères et sœurs, il est discret et délicat. François remarque immédiatement mon étonnement.

— Vous savez, quand on a treize enfants, il faut être discipliné. Sinon on est débordé et la maison devient ingérable. Donc tout le monde se tient bien ici.

De grandes familles comme celles de François et Francine correspondent à la norme au Congo. Chaque foyer compte en moyenne sept enfants. La démographie est galopante. En soixante ans, la population est passée de 15 à 100 millions d'habitants. Et d'ici moins de trente ans, elle devrait encore doubler. C'est l'une des progressions les plus rapides au monde. Et toutes ces familles cuisinent au *makala*.

Chapitre 11

Cela fait maintenant près de trois semaines que je parcours le Kivu de long en large pour enquêter sur les causes et les conséquences de la déforestation massive, et tout vient subitement de s'arrêter net il y a moins de 24 heures.

Après notre déjeuner chez François et Francine, nous sommes retournés voir le capitaine Freddy pour lui donner les talkies-walkies que je lui avais promis et tenter – suite à l'échec de Rugari – de le convaincre d'intercéder auprès de ses supérieurs du FDLR pour filmer des coupeurs d'arbres munis de tronçonneuses. Vaine tentative qui, malgré le don de notre matériel, a refroidi l'atmosphère et a conduit un capitaine Freddy manifestement lassé par nos demandes à abréger notre entrevue en nous conseillant de poursuivre notre quête ailleurs.

C'est chez Justin, à moins d'un kilomètre de là, que nous nous sommes rendus, dans un hameau composé essentiellement de baraques sombres et lugubres faites de bois et de morceaux de tôle, dispersées au pied du volcan et construites sur de la lave séchée.

Celle de Justin est grande mais sale. La poussière émanant de la terre battue noire qui couvre le sol pique la gorge. Quand nous sommes arrivés, il nous a accueillis avec des bières, une bouteille d'un litre distribuée à chacun de nous. Autour de la table poussiéreuse se trouvaient son oncle, sa femme, son fils de cinq ans et sa sœur, une femme élancée avec de grands yeux noirs au regard perçant, soulignés par les traits fins d'un crayon de maquillage. Elle me regardait droit dans les yeux en riant aux éclats lorsqu'elle levait sa bière pour trinquer. Après trois bouteilles avalées coup sur coup, je l'ai vue – éméchée – attraper le petit garçon de cinq ans pour lui faire boire au goulot quelques gorgées de sa quatrième bière.

— Heu… non pas ça… faites attention.

Alors que les mots sortaient de ma bouche machinalement, Justin me coupa brusquement :

— Ne t'inquiète pas. Elle fait ça pour s'amuser et jouer avec mon fils. Et regarde, il rigole, ça le fait rire.

Aussitôt, j'ai changé de sujet en abordant la vie du village, l'avantage d'être proche de la forêt, et le confort qu'apportent les substantiels revenus du *makala*. La bonne humeur et l'échange jovial ont fini par me conduire à une dernière tentative, en m'exprimant de manière volontairement alambiquée pour faire passer mon message de la façon la plus neutre possible.

— Justin, comment penses-tu qu'il serait possible de comprendre pourquoi, et comment, toi et tes coupeurs vous êtes obligés d'aller loin dans la forêt, au cœur de celle-ci, pour couper des arbres dans des quantités industrielles ?

Sa réponse a conclu notre rendez-vous.

— Ce n'est pas facile, je ne peux pas désobéir à Freddy. Je vais voir ce que je peux faire et si je parviens à le convaincre.

Le soleil était en train de se coucher quand nous sommes sortis de la quasi-obscurité de la maison. La lumière naturelle éclairait le ciel d'une teinte rose qui se répandait sur la lave séchée et les baraques noires dispersées dans le hameau. 24 heures plus tard, je revois encore Guillaume armer sa caméra pour filmer la scène, en suivant Justin et ses proches en train de déambuler dans la ruelle, lorsque trois hommes ont fait irruption. Deux d'entre eux se sont jetés sur Justin pour lui passer les menottes et le troisième nous a hurlé dessus, en nous prenant à part.

— Arrêtez de filmer tout de suite ! Donnez-nous vos images, vous n'avez aucune autorisation de filmer.

Guillaume rétorqua aussitôt au molosse en civil qui nous interpellait.

— Hors de question. Et je n'ai aucun ordre à recevoir. Qui êtes-vous ?

— Agence nationale des renseignements, cher monsieur ! Surveillance du territoire ! On vous suit depuis plusieurs jours. Des journalistes de télévision qui vont et viennent dans le Kivu sans escorte, ce n'est pas possible. Vous savez qu'on est dans une zone de combat, n'est-ce pas ? Vous n'avez pas le droit d'être ici.

Il fit une brève pause en pointant Justin menotté, puis reprit son monologue avec une pointe de rage dans la voix.

— L'homme que vous filmez est un membre des FDLR ! Vous filmez donc un terroriste. Vous pensez que vous allez continuer comme ça et faire votre reportage tranquillement ? Il n'en est pas question. Vous savez ce qui se passe pour moi s'il vous arrive quelque chose ? En tant que responsable de la zone pour la police, je serai tenu pour responsable. Donc je vous le dis de la façon la plus nette : vous n'êtes pas autorisés à continuer votre tournage. La fête est terminée.

J'intervins aussitôt pour lui adresser mes plus plates excuses. En aucun cas, affirmai-je, nous n'avions voulu mettre les forces de l'ordre dans l'embarras.

— Nous avons des autorisations en bonne et due forme que j'ai laissées par mégarde à Goma, et si vous me le permettez je vous les apporterai quand vous le souhaitez à votre bureau afin de dissiper tout malentendu.

— Je vous attends demain à midi à mon bureau.

— Où se trouve-t-il ?

— C'est à la sortie de Goma, au premier checkpoint. Demandez l'inspecteur Joyeux.

Il conclut en tournant de nouveau son regard vers Justin :

— En attendant, je l'embarque.

Cet événement a donc eu lieu hier, à la nuit tombée et depuis, tout est à l'arrêt. Et j'éprouve une certaine impatience à retrouver l'inspecteur Joyeux tandis qu'en cette fin de matinée nous reprenons la route.

Dans la voiture, alors que nous nous rendons au poste de police munis des autorisations et documents qui nous ont été délivrés par les autorités congolaises, Joseph me prévient.

— Ne te fais pas d'illusions. Ces autorisations ne vont pas suffire. On est au Congo, pas en Europe.

— Il faut acheter des bières, c'est ça ?

— Oui, mais si tu veux continuer à travailler sans avoir les flics sur le dos, il va falloir être plus généreux encore.

— J'ai compris.

— Tu as ce qu'il faut ?

— Oui.

Après un rapide créneau pour se garer devant le poste de police, Joseph prend l'enveloppe que je lui tends puis, en sortant de sa voiture, attrape un large carton de bouteilles de bière du coffre arrière et s'engouffre dans le bâtiment. Au fond du couloir, une porte grande ouverte laisse échapper le son d'un téléviseur diffusant un match de football. Plus on s'en approche, plus le bruit est fort. À l'intérieur du bureau, je découvre le molosse qui nous a arrêtés la veille, avachi dans un fauteuil, concentré sur le match. En nous voyant, l'inspecteur Joyeux clique sur la télécommande pour couper le son et se lève d'un coup.

— Messieurs, je vous attendais.

Joseph, sourire aux lèvres, s'approche du bureau en y posant le grand carton de bouteilles de bière.

— Inspecteur Joyeux, nous vous avons apporté une petite surprise.

— C'est bien aimable.

D'emblée, il se montre cordial et sort un décapsuleur puis distribue une bière à chacun de nous, en levant sa bouteille avant de l'ingurgiter au goulot et de m'interpeller.

— J'imagine que vous n'avez pas encore terminé votre documentaire.

— Non, en effet. Je vous ai apporté tous les documents qui sont, ici, photocopiés.

— Je vois. Vous me demandez donc de vous laisser mener votre projet. Il faut que j'y réfléchisse, vous savez.

Joseph me lance un clin d'œil discret et sort de sa poche l'enveloppe épaisse que je lui ai donnée dans la voiture contenant 100 000 francs congolais, soit l'équivalent de 35 euros. Il la pose négligemment sur le bureau avant de s'adresser au policier.

— Puis-je vous parler seul à seul, inspecteur ?

— Faites. Monsieur Lagache et monsieur Viart, je vous laisse retrouver la sortie.

Quinze minutes plus tard, Joseph nous retrouve dans la voiture, un large sourire aux lèvres.

— Tout est arrangé. On est libres comme l'air et il va même laisser Justin sortir.

— C'est la magie des pots-de-vin ?

— Exactement.

— Cela veut dire que la corruption traverse toute la société, tous les rouages de l'administration ?

— Oui, en quelque sorte. Quand les fonctionnaires de police ou les militaires sont payés des misères ou même pas payés certains mois, il ne faut pas s'étonner. Tout le monde se débrouille comme il peut ici. La corruption fait partie du système D, et donc du système.

— Comment le pays peut-il être géré, dans ces conditions ?

— Il ne l'est pas, Guy. Et ce qui se passe ici en est la parfaite illustration. C'est pour ça qu'il y a une telle prédation des ressources naturelles du Kivu. Le cobalt, le coltan, l'or, le pétrole, le *makala* : c'est pour tout ça qu'il y a la guerre avec les groupes armés. Tout le monde veut avoir une part du gâteau. On est dans une poudrière. Et nous, les Congolais, on doit faire avec.

Chapitre 12

Malgré le chaos extrême qui règne au Nord-Kivu, tous ne sont heureusement pas aussi fatalistes que Joseph.

J'ai découvert des individus d'un courage hors du commun, décidés à tout mettre en œuvre pour protéger la biodiversité et se battre contre la déforestation, le braconnage et les trafics qui alimentent la guerre civile. Une lutte – je ne vais pas tarder à m'en rendre compte – menée au péril de leur vie.

Nous faisons route vers le nord pour rejoindre le gigantesque parc national des Virunga, l'une des plus grandes réserves naturelles d'Afrique, mais aussi la zone considérée comme une des plus dangereuses du continent.

Notre voiture est escortée par un véhicule d'une quinzaine d'hommes. Quinze hommes en uniformes beige et kaki, armés de fusils mitrailleurs et coiffés de casques militaires. Un convoi qui, malgré les apparences, ne fait en aucun cas partie des forces armées de la République démocratique du Congo. Ils appartiennent exclusivement au parc et sont chargés de protéger les Virunga des assauts des braconniers, trafiquants et groupes rebelles. Tous sont placés sous l'autorité d'un homme avec qui j'ai rendez-vous ; un homme qui a fait de la lutte pour la préservation du parc et de son écosystème un combat absolu.

Après une heure et demie de route, le convoi s'arrête dans un lieu hautement sécurisé, l'aérodrome de Rumangabo, le quartier général du parc.

À côté de la modeste tour de contrôle qui borde la piste en herbe sèche, un garde de l'aéroport attire mon attention vers le ciel menaçant, chargé de nuages foncés.

— Vous voyez le petit avion ?

— Je le vois, oui. C'est lui ?

— Exactement. Il va atterrir.

Quelques minutes plus tard, un petit avion à hélice se pose sur la piste sous la pluie battante. À sa sortie, l'unique passager, le pilote, est l'homme avec qui j'ai rendez-vous.

— Bonjour, je suis Guy Lagache, je suis ravi de vous rencontrer.

— Bonjour, Emmanuel de Mérode, le plaisir est partagé.

— Le vol s'est bien passé ?

— Oui oui. C'est la saison des pluies, alors l'avion vole parfois sous les foudres de la tempête.

— Et c'est avec celui-ci que l'on va repartir ?

— Oui, on repart avec lui.

Emmanuel de Mérode est le patron du parc des Virunga. Il a fait de l'avion un mode de transport quotidien, indispensable, dit-il, pour diriger un parc de près de 8 000 km^2, l'équivalent de la superficie de la Corse.

Après un rapide ravitaillement en kérosène, il nous invite à monter à bord munis de notre barda. Faute de place, seuls Guillaume et moi sommes du voyage. Nous retrouverons Joseph dans deux jours à notre retour.

Il faut moins de deux minutes à l'avion pour prendre de l'altitude. Vue du ciel, la brousse semble n'avoir aucune limite. Les collines verdoyantes jaillissent au milieu de la plaine sous les rayons du soleil qui, par endroits, percent les nuages noirs. La nature est à couper le souffle. Il faut dire que le parc dispose d'un écosystème exceptionnel. Des plaines de lave sur les pentes du volcan Nyiragongo au sud aux neiges éternelles de la chaîne du Rwenzori aux confins de l'Ouganda au nord, en passant par des steppes et des savanes, le parc des Virunga est considéré comme la zone la plus riche en biodiversité d'Afrique. Lions, éléphants, okapis, hippopotames, sans parler des gorilles des montagnes dont les Virunga abritent un tiers de la population mondiale : plus d'un millier d'espèces animales résident dans le parc. Un environnement unique et d'une très grande fragilité.

Aux commandes du petit coucou, Emmanuel de Mérode me fait signe de regarder vers la droite, en direction des collines.

— Toutes ces collines que l'on voit là-bas sont occupées par les M23.

— Le groupe armé M23 ?

— Oui, exactement. Ils sont installés dans les collines de ce côté-là, à droite. Et de l'autre côté, sur les collines de gauche, il y a le FDLR. En quelque sorte, on est un peu coincés entre les deux.

— Ils veulent quoi ces gens ?

— Les deux camps sont impliqués dans le trafic du *makala*. C'est un trafic qui approvisionne surtout la ville de Goma et qui provient essentiellement des forêts au sud du parc. Pour eux, depuis très longtemps, ça représente beaucoup de recettes, puisque le trafic dans son ensemble est estimé dans la région à plus de 40 millions de dollars par an. Un trésor de guerre. C'est un énorme problème qui n'est pas seulement environnemental et social. C'est un problème de sécurité nationale.

Pour Emmanuel de Mérode, l'enjeu est majeur. Cet anthropologue belge de cinquante-quatre ans a été nommé conservateur du parc des Virunga par le gouvernement congolais en 2008. Un poste certes prestigieux mais aussi hautement sensible. Les Virunga, le plus ancien parc national d'Afrique a été fondé par l'administration coloniale Belge en 1925 puis placé sous l'autorité congolaise à l'indépendance du pays en 1960. Depuis qu'il est en poste, Emmanuel de Mérode est en première ligne face aux trafiquants et aux groupes armés. Pour les affronter, il dispose d'une force de combat formée à la tactique militaire : les rangers. Le convoi qui nous a escortés sur la route tout à l'heure en est un contingent et l'objet de notre périple avec Emmanuel de Mérode est précisément d'aller nous immerger au sein d'un de leurs bataillons.

Nous approchons de la frontière avec l'Ouganda, à proximité du lac Édouard, dans la zone centrale du parc. Une zone particulièrement sensible.

— Dans cette partie-là, on a fait un gros travail, ces dernières années, pour ramener les animaux sauvages qui avaient disparu à cause du braconnage. Mais on n'a pas encore réussi à enrayer le trafic de *makala*. Et c'est pour ça que je viens dans cette zone.

Vues d'avion, les conséquences du trafic sautent aux yeux. Une bonne part des forêts naturelles a été détruite pour transformer le bois en charbon.

— Vous voyez comme la déforestation est massive ? Le *makala*, et l'exploitation illégale des ressources naturelles, est l'une des plus grandes difficultés auxquelles le parc est confronté. Mais c'est un problème complexe. Le parc est un des lieux de biodiversité les plus riches au monde, mais il est situé dans l'une des zones les plus pauvres de la planète. Les gens dépendent du *makala* pour se nourrir. À cela s'ajoute le fait que la possibilité de tirer profit des ressources naturelles alimente les conflits entre bandes armées. Au cœur du problème, il y a l'accès à une énergie bon marché pour les millions de personnes qui vivent dans la région.

Après quarante-cinq minutes de vol, nous atterrissons à Kinyonzo, au cœur de la savane, dans une nature totalement vierge tapissée d'herbes hautes séchées.

Après l'averse, la lumière dorée du soleil de fin de journée éclaire la vaste plaine qui s'étend sur plusieurs kilomètres jusqu'aux collines dénudées que nous avons survolées. En me tournant vers le côté, mon regard tombe sur trois grandes tentes de safari kaki dispersées au milieu de la brousse, chacune construite sur de grandes lattes de bois et équipée de moustiquaire, d'un grand lit et d'un lavabo. Aussitôt, Emmanuel de Mérode m'interpelle avec un léger sourire.

— C'est spartiate, mais très agréable. Vous verrez, on y dort très bien.

En balayant le paysage du regard, je me sens brusquement bouleversé par la puissance du lieu.

— C'est fou cet endroit. La perfection et la simplicité de la nature, il n'y a rien de plus beau. Il y a quelque chose de très émouvant.

— Oui, et c'est aussi pour ces sensations-là que ma vie est ici. Il y a quelque chose d'envoûtant. Et vous allez voir, ce n'est pas fini.

Il fait une pause avant de nous indiquer l'une des tentes.

— Mais pour le moment je vous propose d'aller déposer vos affaires dans votre chambre et de me rejoindre pour préparer le dîner, dans la hutte centrale.

La nuit est tombée d'un coup et une petite loupiotte électrique raccordée à un générateur éclaire l'intérieur de ma tente d'une lumière tamisée. Assis sur le parquet foncé, le dos appuyé contre le grand lit, mon regard est rivé vers l'extérieur, à travers la fenêtre moustiquaire. La brousse est plongée dans l'obscurité. Dehors le chahut des animaux – dont les sons se superposent les uns aux autres – me fait sourire. S'agit-il de lions, d'antilopes ou de rhinocéros rôdant autour de ma tente ? Impossible de distinguer le moindre mouvement. Mais rien dans la nuit africaine ne m'effraye. Je me sens au contraire bercé par le brouhaha de la vie sauvage. Un profond sentiment de bien-être m'envahit.

— Allez, on y va.

Je me surprends à parler à voix haute alors que je me lève pour m'enfoncer dans l'obscurité et suivre le chemin qui rejoint les lumières de la cahute en bois. Aux commandes dans la cuisine, Emmanuel de Mérode est en train de préparer un poulet. À mon arrivée, il me tend un verre de vin et une bassine de pommes de terre à éplucher pour les emballer dans du papier aluminium avant de les placer avec la volaille dans les braises du feu de camp qui éclaire la brousse à une vingtaine de mètres. Des chaises longues en bois et trois assiettes avec des couverts ont été placées autour du foyer par l'intendant du camp. Une demi-heure plus tard, Guillaume et moi levons nos verres avec Emmanuel pour notre premier dîner sous une nuit étoilée, au cœur du parc des Virunga.

— C'est unique, cette expérience. C'est un souvenir que j'aurai dans vingt ans, Emmanuel !

— Oui, c'est précieux et ça rappelle sans cesse l'utilité de se battre pour la préservation de ce lieu.

— Et c'est toujours aussi chaud et compliqué qu'avant ?

En posant la question, j'ai comme un flash. Les articles de journaux me reviennent en mémoire. « *Belgium chief warden of DRC national park wounded in gun attack* » : la tentative d'assassinat du directeur belge du parc national des Virunga à la une du *Guardian* résonne encore une décennie plus tard.

— C'est difficile à dire. C'est toujours très compliqué et très dangereux. Mais par certains aspects, le danger a peut-être un peu changé de nature. À l'époque, c'est allé très loin, mais aussi en très haut lieu. Et ils ont vraiment failli réussir à me liquider.

C'était il y a dix ans et cela s'est joué, en effet, à très peu de choses.

En fin de journée, ce mardi 15 avril 2014, Emmanuel de Mérode rentre de Goma pour rejoindre Rumangabo, le quartier général du parc, lorsqu'il tombe dans une embuscade tendue par des hommes armés. Seul au volant de sa jeep et sans escorte, il reçoit trois balles dans le corps, dont une à l'abdomen et une autre au thorax.

Il est laissé pour mort.

— J'ai eu énormément de chance parce que j'ai été emmené à temps à l'hôpital et mis hors de danger.

— D'après vous, qui était derrière cet attentat ?

— Cela n'a jamais été élucidé. Mais ce que je peux vous dire, c'est que cet attentat a fait beaucoup de tort à ceux qui veulent détruire le parc.

— Vous pensez à quelqu'un ou à une organisation en particulier ?

— Cela vous dit quelque chose l'affaire Soco, j'imagine.

Soudain, les articles et documentaires que j'ai parcourus avant de partir pour le Congo me reviennent à l'esprit. L'affaire Soco, du nom de l'entreprise pétrolière britannique, est une histoire folle qui mêle pouvoir et corruption autour d'un enjeu, celui des réserves pétrolières au cœur du parc des Virunga. Une histoire qui remonte à 2009, lorsque l'État avait octroyé un permis d'exploration couvrant 85 % de la superficie du parc aux entreprises Total, ENI et Soco, malgré la loi congolaise interdisant l'exploration dans les Virunga.

Seule Soco décide alors de mener des recherches pour explorer les réserves de pétrole au sein du parc dans les environs du lac Édouard, pourtant protégé et classé au patrimoine mondial de l'UNECO. Mais les oppositions des rangers du parc freinent l'entreprise britannique pendant plusieurs années.

Alors, à partir de 2012, Soco met en place un plan consistant à soudoyer le responsable des rangers de la zone du lac Édouard, un certain Rodrigue Mugaruka

Katembo, afin d'avoir le champ libre. Il lui est ainsi proposé une somme mensuelle de 10 000 dollars. Cette tentative de corruption, somme toute assez courante au Congo, va se révéler une grave erreur. Rodrigue ne refuse pas l'offre directement, mais gagne du temps pour rendre compte de la tentative de corruption au directeur du parc et ainsi lui permettre d'échafauder une riposte. Le plan d'Emmanuel de Mérode consiste à profiter de la situation pour apporter les preuves de la corruption.

Pour y parvenir, il décide d'avoir recours à une arme, celle de l'image et des médias.

À cette époque, un réalisateur de documentaire britannique, Orlando von Einsiedel, se trouve dans le parc pour un sujet sur le travail quotidien des gardes des Virunga. Emmanuel de Mérode lui propose alors de faire évoluer son projet pour réaliser un grand film d'investigation qui raconte, décortique et documente les méthodes de l'entreprise pétrolière pour arriver à ses fins, les soutiens dont elle bénéficie au sein de l'armée, du pouvoir et des groupes armés, et la lutte du parc pour y faire face. S'appuyer sur l'investigation journalistique face à la puissance d'une multinationale était, selon Emmanuel de Mérode, le seul moyen dont il disposait pour tenter de faire émerger la vérité. C'est ainsi qu'il l'expliquera à la presse congolaise, quelques années plus tard. « Je me suis rendu compte qu'on n'était rien face aux moyens financiers que Soco mettait en jeu pour corrompre les autorités du pays, les services de sécurité et même certains officiers haut placés dans l'armée régulière. Alors, à moins d'être des stratèges, nous avions compris que nous allions perdre cette bataille. »

Orlando Von Einsiedel n'hésite pas une seconde. Il change l'angle de son sujet et décide de suivre toutes celles et ceux qui, à l'intérieur comme à l'extérieur du parc, enquêtent sur les méthodes de Soco et ses collusions avec les politiques, les militaires, mais aussi les milices rebelles dans la guerre qu'ils mènent au Nord-Kivu. Un projet de film d'une ampleur considérable voit ainsi le jour et va durer deux ans. Pour le mener à bien, le réalisateur équipe Rodrigue et les autres protagonistes de l'enquête de caméras cachées pour chacun de leurs rendez-vous avec les équipes de Soco. Et le plan fonctionne. Le son et les images des pots-de-vin proposés à Rodrigue pour agir contre la loi et autoriser clandestinement que les équipes de Soco puissent explorer les réserves de pétrole se trouvant dans le parc sont stupéfiants. Ils constituent l'une des pièces maîtresses du documentaire par la suite nommé aux Oscars, mais dont le lancement va s'accompagner d'un drame.

Avant de sortir sur Netflix, *Virunga*, le film d'Orlando von Einsiedel, est projeté pour la première fois le 17 avril 2014 au Festival du film de Tribeca, à New York. Mais à onze mille kilomètres de là, moins de quarante-huit heures plus tôt, Emmanuel de Mérode a été gravement blessé par balles par des tireurs non identifiés sur la route nationale 2 entre Goma et Rumangabo, le quartier général du parc.

Alors que nous finissons notre dîner autour du feu, la proximité des deux dates m'interpelle.

— Il y a un lien, d'après vous ?

— C'est probable, oui. On avait fait en sorte qu'au moment où le film sortirait on lancerait des procédures à Londres, et en RDC. C'est ce qu'on a fait. Et on a essayé de me tuer deux jours avant la projection de New York. J'étais en train de rentrer de Goma où je venais ce jour-là de remettre un rapport au procureur de la République sur les activités illégales de Soco. En fait, ils s'y sont pris trop tard. Les procédures étaient déjà lancées. Mais sans doute ceux qui voulaient m'éliminer ont-ils cru que ça éviterait qu'éclate la vérité.

— Comment avez-vous vécu tout cela ?

— Ce qui se passe aux Virunga et au Nord-Kivu est une tragédie. Une tragédie d'abord pour les populations. Ce sont elles les premières victimes. Et les menaces qui pèsent sur le parc des Virunga, telle que l'exploitation illégale de ressources comme le pétrole ou des forêts pour le *makala*, sont des menaces à très long terme pour le parc et ses habitants. Par conséquent, je pense qu'il fallait aller jusqu'au bout. Et je pense qu'on a bien fait. Parce que les conséquences auraient été terribles pour toute la vie du parc, la biodiversité et les habitants.

— Comment est-ce que ça s'est fini ?

— Les révélations du documentaire, comme celles d'autres journalistes et ONG, ont eu un impact très fort. Les plaintes ont poussé Soco à cesser ses opérations dans le parc. Et la société s'est engagée à se retirer de tous les autres sites classés au patrimoine mondial de l'UNESCO.

— Est-ce que cela signifie qu'avec l'affaire Soco le parc est désormais préservé de toute exploitation pétrolière ?

— Rien n'est jamais certain…

Emmanuel de Mérode fait une pause. En le regardant, je comprends pourquoi il reste prudent. Il y a seulement quelques mois, en juillet dernier, le gouvernement congolais a lancé un appel d'offres pour le droit d'exploitation de vingt-sept blocs pétroliers à travers la République démocratique du Congo, dont certains empiètent directement sur le parc des Virunga et dans d'autres zones forestières vitales dans la lutte contre le réchauffement climatique.

Après un bref silence, il reprend en concluant.

— Rien n'est jamais certain… Et la lutte pour la préservation est constante. Vous le verrez, je pense, demain avec les rangers.

Chapitre 13

Je sens une lumière se poser sur mon visage alors que, finissant ma nuit de sommeil, mes paupières sont toujours closes. Je cligne immédiatement des yeux en les ouvrant, ébloui par le premier rayon du soleil qui traverse la moustiquaire et illumine l'intérieur de la tente. J'attrape ma montre. Elle indique 5 h 45 du matin. Vingt minutes plus tard, alors que j'entame en silence mon café dans la cahute en bois, Emmanuel débarque, gonflé d'énergie.

— Alors, Guy, comment avez-vous dormi dans votre tente ?

— C'était très confortable. J'ai très très bien dormi, mais hélas trop peu.

— Venez avec moi, je voudrais vous montrer quelque chose. Vous allez voir, c'est un spectacle captivant.

Aussitôt je lâche mon café. Guillaume, qui nous a rejoints, attrape sa caméra et se met à filmer. Après une marche de quelques minutes dans le silence matinal de la brousse, nous pénétrons dans la forêt. Et d'un coup, le vacarme de la jungle nous envahit.

— C'est fou, les oiseaux et les insectes sont déchaînés, Emmanuel. Un vrai concert. On entend des choses ici qu'on n'entend pas ailleurs.

— Oui, c'est la vie de la forêt. Et celle-ci est superbe.

Nous nous faufilons entre les troncs épais et les lianes qui se mêlent aux branches et aux feuillages. Sous l'épaisse végétation, l'endroit est sombre, l'humidité élevée. Au bout d'une centaine de mètres, une clairière se dessine au loin. Plus on s'en approche, plus la lumière devient vive. À l'arrivée, une rivière apparaît derrière les arbres. Un cours d'eau paisible et étroit d'une vingtaine de mètres de large. En face de nous, sur l'autre rive, la brousse s'étend à perte de vue.

— De l'autre côté, c'est un autre pays. Cette rivière, la rivière Ishasha, marque la frontière entre le Congo et l'Ouganda.

Emmanuel de Mérode s'interrompt d'un coup. Il me montre du doigt un mouvement au milieu du cours d'eau et se met à chuchoter.

— Regardez ! Vous voyez… juste là ?

Du regard, je suis la direction de sa main vers la rivière. Soudain, je vois une bosse surgir de l'eau. Il me faut un laps de temps pour comprendre. En distinguant la forme, je ne peux m'empêcher de lâcher mon émotion.

— Waouh... Il y en a un, là. C'est incroyable. Un hippopotame. Il y en a un autre juste derrière. On dirait qu'ils sont plusieurs. C'est toute une famille. Avec des petits qui suivent leurs parents.

— C'est sublime, n'est-ce pas ?

— Sublime !

J'observe en silence et je me sens emporté. En file indienne, les bébés hippopotames suivent leurs parents qui remontent le courant. Le spectacle est simple, pur, bouleversant. Il me faut chasser l'émotion qui m'envahit. Je me racle volontairement la gorge pour me reprendre et poursuivre l'interview.

— Et quand vous êtes arrivé à la tête du parc, il n'y avait pas tous ces animaux ?

— Il y avait quelques hippos, mais beaucoup moins parce que pendant plus de vingt ans il y a eu un abattage massif de la grande faune. Ici, c'était une zone contrôlée par les Maï-Maï...

— Les groupes armés Maï-Maï ? ...

— Oui, les groupes armés. Or un hippopotame a une valeur de 400 dollars sur le marché. Et donc dans la rivière, il y avait des bains de sang. Ils étaient tous abattus et ils se retrouvaient ensuite sur le marché. Maintenant, depuis dix ans qu'on a repris le contrôle de la zone, les hippopotames sont protégés... et l'espèce se rétablit.

— Et ce qui vaut pour les hippopotames vaut pour les arbres et la lutte contre le trafic de charbon de bois ?

— Oui, absolument. La lutte que nous menons sur la zone vaut aussi bien pour les animaux que pour la forêt. C'est tout un ensemble. Et les forêts sont évidemment un enjeu écologique. Mais elles représentent aussi l'espoir d'une relance du secteur touristique au Congo.

Depuis que les rangers protègent les lieux, les hippopotames ont retrouvé leur domaine, rejoints par les éléphants, les antilopes, les buffles ou les lions. Mais cette vie sauvage reste fragile car les milices et les trafiquants s'obstinent.

En sortant de la forêt, Emmanuel de Mérode reçoit un appel.

— On nous attend au poste central.

La caserne des rangers est en pleine effervescence. Située au cœur de la brousse, à moins d'un kilomètre du campement où nous avons passé la nuit, la garnison militaire se prépare pour une mission. Des hommes en uniforme se hissent dans le fourgon.

— Vous ne bougez pas tant que je ne vous en ai pas donné l'instruction.

L'homme qui s'adresse aux rangers en swahili est coiffé d'un béret vert et d'un uniforme beige et kaki aux couleurs du parc. En nous voyant arriver, il se hâte vers nous. Emmanuel de Mérode se montre souriant mais bref.

— Bonjour, commandant, je vous présente Guy Lagache et Guillaume Viart. Ce sont eux qui vont vous accompagner.

Il a beau avoir des joues un peu rondes et un visage de poupon, le commandant Désiré Cékibibi n'a rien d'un homme particulièrement tendre. Sous son commandement, plus d'une centaine de rangers couvrent le secteur centre du parc autour du lac Édouard, l'une des quatre zones des Virunga.

Ce matin, comme chaque jour, une section part en patrouille.

— Bonjour, commandant, je suis Guy Lagache. Je suis ravi de vous suivre en mission.

— Bonjour. Montez avec mes hommes à l'arrière du camion.

Nous prenons place comme nous pouvons parmi vingt-cinq rangers munis de leur barda et de fusils mitrailleurs, sous la grande bâche qui couvre l'arrière du camion. Alors que nous quittons la garnison, le commandant Cékibibi s'assied à mes côtés et examine du regard chacun de ses hommes pour s'assurer qu'ils sont correctement équipés. Car l'enjeu de la mission est de débusquer les trafiquants de bois, et à l'entendre, ce n'est pas sans risque.

— Pourquoi est-il est nécessaire d'avoir des hommes armés avec nous ?

— On doit toujours être prudents. Dans la zone où l'on va, il y a potentiellement des groupes armés qui font du *makala*. Et l'idée, c'est d'aller les chasser et de les mettre hors d'état de nuire.

Alors que nous circulons dans la brousse, je remarque une harde d'antilopes qui galopent devant nous. Je me surprends à sourire en réalisant qu'avec Guillaume nous sommes les seuls dans le convoi à trouver cette scène étonnante.

— Cela fait partie de la vie du parc, la vie de la nature, la vie quotidienne en quelque sorte, me fait remarquer le commandant quand je lui signale, tel un enfant émerveillé, mon étonnement.

Le secteur centre que dirige Désiré Cékibibi est l'une des zones qui ont connu le plus d'attaques l'année passée. Pas moins de six de ses hommes ont été assassinés par les groupes armés en 2021. Cette violence s'étend à l'ensemble du parc et de ses rangers. En vingt-cinq ans de lutte pour préserver la faune et la flore des Virunga, près de deux cent trente gardes sont morts lors d'accrochages avec les trafiquants et les rebelles.

— Préparez-vous à sortir, on arrive, et on va se garer là. La forêt est à cinq minutes à pied, me prévient le commandant.

À notre descente, des hommes d'une première brigade d'éclaireurs se hâtent vers le commandant pour faire un point sur la situation à l'intérieur de la forêt. Une fois leur conversation en swahili terminée, je me tourne vers Désiré Cékibibi.

— Qu'est-ce qu'ils vous ont dit ?

— On est en train de chercher les sites de fours. Des fours de *makala*. Et selon leurs informations, en allant tout droit, on devrait trouver des sites. Donc je leur ai donné le go pour avancer dans la direction qu'ils m'ont indiquée.

Pour échapper aux patrouilles, les trafiquants n'hésitent pas à s'enfoncer au plus profond de la forêt. La marche s'effectue dans un environnement dense et sans chemin tracé, elle s'avère longue et pénible. Ce n'est qu'au bout d'une heure que les hommes de Désiré Cékibibi découvrent un talus suspect et une bêche laissée près d'un arbre. En voyant l'outil, j'interroge le commandant.

— Qu'est-ce qui se passe ?

— Il y a une personne qui a pris la fuite.

— Qui cela peut-il être, d'après vous ?

— Un braconnier, un carbonisateur.

Selon le commandant Cékibibi, les coupeurs de bois ont fui, alors même qu'ils s'apprêtaient à allumer l'énorme four dissimulé sous le talus.

— Ça, c'est un four à *makala*.

— Et il fonctionne, d'après vous ?

— Je ne vois pas la fumée… mais c'est déjà en préparation, on va enlever la terre et le détruire.

L'ordre est aussitôt donné de mettre le feu au four. En quelques instants, le talus s'embrase. Un message envoyé aux trafiquants, à entendre le commandant.

— Quand on met le feu au four, on les décourage. Tout leur travail s'est envolé. Ils n'ont rien gagné. En faisant nos patrouilles et en détruisant les fours, l'idée c'est de leur faire comprendre qu'ils vont perdre.

À quelques mètres de là, les gardes ont interpellé une femme qui n'a pas eu le temps de s'enfuir. Devant moi, ils rendent compte de la situation au commandant qui les interroge.

— C'est elle qui s'occupait du four de *makala* ?

— Elle nous a dit qu'elle est juste venue pour récupérer sa part. Donc un sac de braises. Mais qu'elle n'a pas fait le four.

Désiré Cékibibi se met à regarder fixement la femme assise contre l'arbre. Ses lèvres se pincent, son visage de poupon disparaît. L'agacement apparaît lorsqu'il se met à l'interroger directement.

— Il y a un autre endroit où tu sais qu'il y a des fours ?

— Moi, je ne suis jamais venue ici avant... On m'a amenée ici parce qu'on m'a promis d'avoir du *makala.*

— Donc tu ne connais pas ? Mais d'autres gens disent qu'il y a d'autres fours ?

— Oui, d'autres fours existent, d'ailleurs on voulait venir prendre du *makala*. Mais je ne sais pas où ça se trouve.

La villageoise aura droit à un rappel à la loi. Elle perd surtout une journée de travail et le revenu qu'elle espérait tirer de la vente du *makala.*

Le trafic profite à tout le monde. Les rangers se battent seuls contre tous, et Désiré Cékibibi en a parfaitement conscience.

— On est combattus un peu partout. On est combattus par la population qui envahit les forêts pour couper des arbres et gagner des sommes dérisoires en faisant du *makala*. On est combattus par les groupes armés, qui sont à l'intérieur du parc et qui contrôlent la coupe de bois pour financer leur guerre. On est combattus par les politiciens qui sont corrompus et qui laissent faire.

Vous savez, le *makala* enrichit beaucoup de monde. Et nous ici on lutte contre toutes les activités illégales.

— Mais on a l'impression qu'ils ne se découragent jamais. On a l'impression que votre lutte n'empêche pas le *makala* de se développer. On s'en rend compte par exemple sur les routes où l'on voit tout ce trafic de *makala*, ces camions remplis de charbon de bois qui alimentent la ville de Goma.

— Oui, ce n'est pas faux.

— Mais est-ce que finalement la lutte que vous mettez en place n'est pas un peu vaine ? Est-ce que la destruction de la forêt et le trafic ne vont pas continuer malgré vos patrouilles ?

— Écoutez, on fait ce qu'on peut avec nos moyens. Ce n'est certainement pas suffisant. Mais il y a une chose qui est certaine. Si on ne se bat pas, si on n'essaie pas de les décourager, si on ne fait rien, toute cette forêt sera détruite.

Le bilan de ces cinq heures de patrouille peut sembler dérisoire. Désiré Cékibibi n'a qu'une centaine d'hommes pour surveiller son secteur alors que, de son propre aveu, il lui en faudrait le double. Pour mettre fin au trafic de *makala*, une alternative est nécessaire. Une alternative au charbon de bois, qui puisse être proposée aux consommateurs congolais. Tout espoir est-il impossible ? Faut-il se résigner ? Je ne veux pas le croire.

Chapitre 14

Il existe bien une solution : les centrales hydroélectriques. Sous l'impulsion d'Emmanuel de Mérode, le parc des Virunga a bâti quatre installations dans le but d'alimenter en électricité une partie du Nord-Kivu et, à l'heure où nous quittons la zone du parc, une cinquième usine est en cours de construction. Ces centrales produisent de l'énergie propre et renouvelable, mais malheureusement, elles sont insuffisantes pour couvrir l'ensemble des besoins.

Pourtant, au cours de ce voyage, j'ai découvert une jeune génération qui se démène sans relâche pour chercher, innover, proposer des alternatives concrètes et accessibles à l'ensemble de la population. Des Congolais éduqués et engagés qui refusent toute forme d'apathie et de résignation. C'est à plusieurs centaines de kilomètres de la brousse sauvage du parc des Virunga que je suis allé à leur rencontre.

— J'ai l'impression d'avoir déjà vécu cette scène... On dirait une sorte de remake d'*Un jour sans fin*. Il ne manque plus que Bill Murray et Andie MacDowell!

Je ne peux m'empêcher de m'esclaffer en m'entendant parler tout seul, à voix haute, alors que nous filons le long du lac Kivu. Assis, sans casque, entre le pilote et mon barda attaché au porte-bagages, je sens tout le poids de la moto vibrer entre mes jambes. Nous faisons route vers le sud, précisément là où notre périple a démarré il y a trois semaines. Six heures d'un trajet épuisant sur la même piste cabossée pour rejoindre Kalehe et retrouver Cédric Muliri, qui nous avait guidés en territoire batwa.

Pour protéger la forêt, Cédric pense avoir trouvé une solution naturelle et abondamment disponible. Le soir de notre arrivée, alors que nous partageons un repas au coin du feu, la question des alternatives au *makala* est au centre de la conversation.

— On ne peut pas se limiter à dire aux gens : « Il faut arrêter de consommer du charbon de bois ou il faut arrêter de faire du *makala*. » Cela ne suffit pas. Tant que les Congolais n'auront pas d'autre choix, les choses ne changeront pas. Et si cela ne change pas, tôt ou tard, la forêt finira par disparaître. Voilà les conséquences. Il faut donc absolument proposer une solution.

— Tu as une idée ?

— On n'a pas seulement une idée. On a un projet très concret.

En 2019, Cédric et son association humanitaire Artemis Africa ont découvert qu'une alternative au *makala* était à portée de leurs mains. Il suffisait de se pencher, souligne-t-il en souriant.

— Tu vas voir, Guy, c'est à la fois simple et étonnant.

— J'ai hâte que tu m'en dises davantage.

— Je vais te montrer demain.

Dès l'aube, il m'en fait la démonstration alors que nous marchons à travers la brousse pour rejoindre un village. Nous pénétrons à l'intérieur d'une clairière et, soudain, il s'accroupit devant moi pour saisir à pleine main de la terre humide de couleur blanche.

— C'est ça, l'alternative au *makala*, Guy !

— C'est de la terre, ça ? Qu'est-ce que ça a de particulier ?

— C'est de l'argile !

L'argile : la matière première des potiers. Modelée en boule et séchée, l'argile a des propriétés calorifiques très élevées. Elle peut être aussi performante, selon lui, que le charbon de bois.

— Et tu penses que l'argile peut changer le destin de la forêt ?

— Oui, c'est une solution d'avenir. Si chaque ménage se mettait à consommer des boules d'argile, ce sont des milliers d'arbres qui seraient préservés chaque mois.

— C'est-à-dire ?

— Les sols du Kivu sont très riches en argile et son utilisation n'est pas préjudiciable à l'environnement.

Une boule d'argile est réutilisable plusieurs fois alors que les braises de *makala* ne s'utilisent qu'une seule fois. Par conséquent, le potentiel est très grand.

Cédric s'est donné pour mission de convertir les populations rurales à cette nouvelle source d'énergie. Depuis plusieurs mois, son association réalise des formations dans les villages du Sud-Kivu. Celui que nous rejoignons ce matin a été transformé en un immense atelier à ciel ouvert encadré par trois membres d'Artemis Africa. Selon Cédric, éduquer les populations rurales et isolées est crucial pour se libérer du *makala*.

— La population congolaise n'est pas du tout sensibilisée à ce problème, parce que la conscience environnementale est toute récente. Il n'y a pas d'éducation environnementale au Congo, dans les écoles, en général. C'est pour cette raison que les formations, dans nos villages, sont indispensables.

En découvrant les lieux, je suis immédiatement frappé par les rires et la joie qui règnent sur la place principale. Tandis que des hommes fabriquent des fours en tôle recyclée, une vingtaine de femmes, assises en tailleur sur un immense drap blanc, façonnent la terre récoltée dans les environs et apprennent à se servir des boules d'argile qu'elles cisèlent.

Après un rapide coup d'œil, je prends place à leur côté et enfonce ma main dans un seau rempli de terre humide pour en faire, à mon tour, une boule. Mon manque d'agilité ne tarde pas à provoquer une explosion de rire générale. Sans attendre, une jeune femme vient à ma rescousse, par pitié, en ricanant.

— Il faut que tu sois plus énergique quand tu malaxes. Il faut que la boule devienne toute dure. Et quand elle sera finie, elle sera toute blanche. À ce moment-là, tu devras la plonger dans la bassine de poussière noire qui est posée devant toi. C'est de la cendre de *makala*. Il faut que ta boule devienne toute noire, c'est très important.

À quelques mètres, Cédric entend la conversation et, me voyant troublé, m'éclaire aussitôt.

— Les boules noires, dit-il, ça rassure les gens, ça rassure les consommateurs. Avant, on vendait des boules sans coloration, toutes blanches, et c'était compliqué, les gens ne les achetaient pas.

— Parce qu'ils n'ont pas confiance si l'aspect extérieur ne ressemble pas à du *makala*?

— Exactement, c'est psychologique. Ils se disent que ça ne peut pas s'allumer. Mais quand on a commencé à mettre de la couleur et qu'on les a noircies, les ventes ont décollé.

Les formations de l'association Artemis ont lieu un jour sur deux, pendant cinq mois de l'année, dans toute la région. Sauf cas de force majeure. Comme l'hiver dernier, lorsque le M23 – le groupe armé tutsi soutenu par le Rwanda – a pratiqué une avancée au Nord-Kivu. Les conditions de sécurité n'étant plus réunies, Artemis a concentré ses programmes de formation dans les villages du sud.

L'association affirme ainsi fabriquer et vendre cinq tonnes de boules de terre chaque mois. Un débouché encore modeste mais prometteur pour les populations locales qui touchent les produits de la vente. Grâce au développement des boules d'argile, les villageois ont l'espoir d'avoir enfin la maîtrise de leur activité et de mettre ainsi un terme à leur dépendance au charbon de bois. La fabrication des boules exige beaucoup moins d'efforts que le travail d'abattage des arbres et de carbonisation nécessaire au *makala*.

— Ici, il nous faut juste un peu d'eau et de la terre, affirme ma voisine. C'est facile, l'argile on en trouve partout dans le coin, alors que les arbres il n'y en a plus. On a vraiment besoin que tout le monde utilise ces boules, et que l'on soit capables de le faire pour que les forêts arrêtent d'être abîmées.

D'ici un an, Cédric espère salarier une équipe d'une centaine de personnes et produire suffisamment de boules pour que la grande ville voisine de Bukavu – et son million d'habitants – puisse réduire sa consommation de *makala*. L'objectif semble audacieux. Pourtant, les ventes démarrent déjà bien si j'en juge par les restaurants du centre-ville de Bukavu que j'ai visités. À l'usage, me raconte la patronne d'une enseigne où l'on mange un savoureux poisson, l'argile est cinq fois moins chère que le *makala* et se montre d'une redoutable efficacité.

— Grâce aux boules, le poisson cuit rapidement parce que ça aide à accentuer la chaleur, ajoute-t-elle.

Quand le *makala* s'est consumé dans le brasero, les boules prennent le relais. Ça me permet de réduire fortement la consommation de *makala*.

À l'entendre, si je comprends bien, les boules seraient donc complémentaires mais ne remplaceraient pas le *makala*. Ce qu'elle dit m'interpelle. J'ai besoin de réponses précises.

— Cédric, pourquoi est-ce que les restaurateurs qui utilisent les boules d'argile ont quand même besoin de *makala* ?

— Sur le plan technique, la seule raison pour laquelle nous avons encore besoin du *makala*, c'est pour allumer les boules d'argile. Nous n'avons pas encore trouvé d'autre solution que le *makala* en guise de combustible. Mais ce n'est pas forcément un mal. De cette façon, la désaccoutumance est progressive. Les gens peuvent comparer et s'habituer. C'est peut-être la raison qui explique qu'ils ne sont jamais passés au gaz, par exemple. Le changement est trop brutal.

L'explication est-elle convaincante ? Seuls l'avenir et le comportement des consommateurs pourront en apporter la preuve concrète. Mais selon Cédric, à ce jour, unc dizaine de restaurateurs et quatre cents familles à Bukavu ont déjà entamé cette transition énergétique et réduisent jusqu'à 70 % leur consommation de charbon de bois.

Ces débuts sont encourageants, riches en promesses, d'autant plus que Cédric Muliri est loin d'être le seul à se lancer sur ce « marché » des alternatives au *makala*. Certains sont encore plus ambitieux. Au cœur de la jungle urbaine, un jeune homme est persuadé d'avoir trouvé la solution pour se passer entièrement de *makala* en utilisant un procédé pour le moins insolite.

Pour le trouver, il faut se rendre au marché aux légumes de Bukavu. Tous les jours, lorsque les marchands ferment boutique, Murhula Zigabe y traque ce qui constitue la clef de son invention : les déchets.

Avec son équipe, il récupère par sacs entiers la paille qui a servi à transporter les fruits et légumes vendus sur le marché. En général, ils les ramassent dans l'indifférence. Mais aujourd'hui, alors que nous filmons, une vendeuse de légumes à la carrure imposante s'interpose et, flairant une aubaine, me demande de l'argent pour récupérer « sa » paille.

— Ça, c'est à moi. Donne-moi l'argent, papa !

— Comment ça, vous donner de l'argent ? Ce sont des déchets qui finissent normalement à la poubelle.

— Donne-moi l'argent, monsieur ! Moi je l'achète cette paille, laissez-la ici. Ça m'appartient !

Quand je lui demande ce qu'elle va en faire, elle marque un long silence avant de lâcher avec un demi-sourire :

— C'est mon problème !

Puis elle repart en explosant de rire et en tapant dans ses mains. La situation est cocasse, mais loin d'être insignifiante selon Murhula.

— Quand les gens nous voient venir prendre la paille, ils pensent qu'on va en faire un usage spécial.

Quand on explique qu'on va s'en servir pour faire du charbon, ils répondent que c'est impossible. Ici les gens sont dans une logique de survie, alors quand vous leur parlez d'écologie, ils disent : « Moi, j'ai besoin de manger maintenant ; ne me parle pas de trucs compliqués qui vont arriver demain ou après-demain. »

Deux cents kilos de paille et de matières végétales sont ainsi récupérés chaque jour pour être transportés dans une vieille camionnette à l'autre bout de la ville où ils seront transformés.

Murhula Zigabe a trente ans. Diplômé de philosophie à l'université de Bukavu, il a radicalement changé de cursus il y a cinq ans en prenant conscience des ravages de la déforestation. Il décide alors de se consacrer aux moyens de lutter contre la prolifération de *malaka* et découvre, au cours de ses recherches, le pouvoir énergétique des déchets organiques. Avec le soutien de ses proches, il lance son entreprise « les briquettes du Kivu » et crée un atelier de fabrication de briques inflammables et intégralement écologiques. La méthode qu'il a mise au point ressemble beaucoup à celle qu'utilisent les trafiquants. Avec une différence : dans son atelier, les fours ne sont pas en terre. Ce sont des fûts métalliques recyclés, et enveloppés d'un couvercle, dans lesquels s'effectue la carbonisation des déchets. Là où les fours à *makala* brûlent durant cinq jours, il suffit ici de cinquante minutes pour que la paille se transforme en combustible. Des braises noires identiques à du charbon de bois. Les résidus sont ensuite broyés, puis compactés avant d'être mélangés avec de l'eau afin d'obtenir une pâte qui sera moulée en briquettes cylindriques.

À la fin du processus, on obtient un charbon reconstitué qui a tout du *makala* traditionnel : même couleur, même efficacité, mais sans abattre aucun arbre. Avec ces briquettes, Murhula en a la certitude : il a trouvé une solution d'avenir, et durable, pour contribuer à lutter contre l'une des principales menaces qui pèsent sur la Terre.

— C'est une alternative sérieuse. À partir du moment où ces briques remplacent le charbon de bois, il n'y a plus besoin d'aller déforester pour produire du *makala*. Or, la forêt congolaise est un des poumons de la planète. Si ce poumon disparaît, il n'y a plus de vie sur Terre.

— Par conséquent la déforestation menace la vie au Congo, mais aussi en France, en Europe et ailleurs ?

— Partout ! Vous, en Europe, vous produisez trop de carbone, trop de CO_2. La forêt absorbe ce CO_2 pour nous donner l'oxygène dont nous avons besoin pour vivre. Que ce soit en Afrique ou en Europe. Mais cette forêt, aujourd'hui, elle n'est pas respectée. Elle est souillée, maltraitée. Et nous sommes menacés. Tous autant que nous sommes. D'un bout à l'autre de la planète.

Murhula affirme produire entre vingt et quarante tonnes de briquettes par mois. Et plusieurs après-midi par semaine, il sillonne les rues de Bukavu dans sa vieille camionnette brinquebalante avec deux de ses vendeurs pour faire connaître les atouts du charbon recyclé. Micro en main, tels des bonimenteurs, ils n'hésitent pas à interpeller les badauds le long du trottoir.

— Écoutez bien, les mamans ! Le sac d'un kilo, c'est 1 000 francs congolais, le sac de vingt kilos à 15 000 francs congolais ! C'est trois fois moins cher que le *makala*. Un produit moderne, original et de qualité ! C'est du *makala* recyclé. Vous le brisez en petits morceaux, puis vous le mettez sur le brasero, et vous pouvez faire cuire tous vos aliments.

L'argument commercial accroche. Rapidement une dizaine de femmes se regroupent autour de la camionnette. Elles veulent voir les briquettes de près tandis que les vendeurs continuent de vanter les vertus de leurs produits.

— Ces briquettes doivent devenir votre combustible habituel, à la place du bois de chauffe, du pétrole et de l'essence. Parce que, avec les fumées toxiques, ce n'est pas bon pour la santé.

Très vite, une dizaine de femmes se regroupent autour de la camionnette. Les ventes s'enchaînent. Les billets changent de mains. De nombreuses mères de famille repartent avec leur sac de *makala* écologique. Parmi les consommateurs, je remarque des habituées. Je m'approche de l'une d'elles.

— Pourquoi achetez-vous ces briquettes ?

— Parce qu'avec ce charbon, vous pouvez utiliser une petite quantité et cuire beaucoup d'aliments.

Ça coûte moins cher et ça dure plus longtemps ! De toutes les matières, c'est le *makala* que je préfère.

L'argument écologique n'est pas évoqué. À l'image des autres consommatrices que j'ai pu interroger, cette femme est avant tout séduite par le gain de pouvoir d'achat. Qu'importe. À la fin de l'après-midi, Murhula fait les comptes. Le verdict est sans appel.

— On avait embarqué cinq sacs de vingt kilos dans la camionnette. Il ne nous reste plus rien. Tout a été vendu.

— Donc ça a été efficace !

— Oui, parce que ça nous permet de vendre, de sensibiliser à l'écologie et de faire connaître le produit.

— Même si l'argument écologique est loin d'être prioritaire.

— Ça prend du temps, vous savez. Mais ce qui compte, c'est que les gens aient envie d'acheter les briquettes plutôt que d'acheter du *makala*.

Les quantités de briquettes vendues restent évidemment dérisoires face aux milliers de tonnes de charbon de bois pour lesquelles on décime la forêt tropicale. Mais les initiatives de ces jeunes entrepreneurs gagnent du terrain. À leur image, une partie de la société congolaise se mobilise pour la forêt. Car le défi dépasse largement les contours de la seule région du Kivu. Doter l'ensemble des citoyens d'une source d'énergie accessible s'impose d'un bout à l'autre du pays. Un paradoxe pour un État si riche par ses sous-sols et pourtant si exsangue. Cette pénurie touche plus de 80 % des Congolais aujourd'hui. Pour autant la crise de l'énergie n'est pas l'apanage de la RDC. Loin de là.

En cet automne 2022, une grande partie du monde est affectée par cette crise. Un simple et rapide coup d'œil sur ce qui se passe en France suffit pour s'en convaincre. Les cris de colère et les manifestations monstres déclenchés par l'explosion des prix du gaz et du pétrole – conséquences directes de l'invasion russe en Ukraine – ne sont-ils pas les signes les plus frappants de notre angoisse à l'idée de vivre dans un monde dont l'accès à l'énergie serait menacé, voire incertain ?

Un monde où l'accès à l'énergie serait incertain : il n'y a guère de sujet plus anxiogène. Car à travers le postulat d'un accès incertain à l'énergie, c'est bien tout le développement de la vie humaine tel qu'il se déroule depuis 1850 et le début de la « révolution du pétrole », qui est remis en cause.

Ici au Congo, où l'on est à des années-lumière des tumultes de l'actualité française et de ses polémiques sur les prix à la pompe, la pénurie énergétique n'est pas une simple hypothèse ou un scénario de politique-fiction, elle ne fait l'objet d'aucun débat de société dans les médias car elle est déjà, et depuis fort longtemps, une réalité. Une réalité concrète, constante, intime pour la plupart des citoyens. Ici, l'accès incertain – voire impossible – à l'énergie est une question quotidienne qui trouve sa réponse dans la destruction. Celle de la forêt primaire réduite, hectare après hectare, à l'état de combustible, principale source d'énergie disponible à grande échelle. Mais pour combien de temps ?

Pierre angulaire de cette réalité, le *makala* est – avec l'agriculture et l'activité minière – l'un des poisons les plus menaçants. Les experts estiment qu'au rythme actuel de la déforestation, il ne restera plus rien de la forêt tropicale du bassin du Congo d'ici 2100. C'est déjà demain.

Dès lors, le sujet ne concerne plus seulement la RDC. La forêt tropicale est un bien commun. Elle est notre deuxième puits de carbone mondial après l'Amazonie, elle est donc une défense primordiale face à la violence d'un climat qui ne cesse de se détraquer. Or, pour combattre la déforestation, les Congolais comme Cédric Muliri ou Murhula Zigabe ne disposent pour ainsi dire d'aucun appui, ni de leur État, ni d'ailleurs. Les soutiens financiers et les investissements étrangers sont inexistants. Ils sont d'incomparables lanceurs d'alerte, mais ils sont seuls.

Si les ressources minières et pétrolières du Congo excitent les convoitises, *a contrario*, la forêt primaire, elle, n'attire hélas pas l'attention de grand monde. Pour sauver ce poumon vert si vital, il est donc indispensable qu'au niveau international, l'opinion se mobilise et que des investissements permettent de financer des formes de développement plus durables.

Chapitre 15

Le calme était absolu jusqu'à ce qu'apparaissent les premiers crépitements. Leur bruit est à présent régulier. Leur présence, hypnotique.

Les premiers flocons de l'année 2024 ont beau s'abattre sur la chaussée et blanchir les toits de Paris, mon attention est intégralement captée par la danse des flammes et la chaleur qui se dégage de la cheminée. Mon esprit se met à flâner alors que la rougeur des braises que je fixe dans le foyer me ramène dix-huit mois en arrière. Les uns après les autres, les souvenirs du Kivu jaillissent comme des flashs : Justin et ses coupeurs ; les rangers face aux rebelles ; l'autoroute du *makala* ; la danse des Batwa ; les fumées blanches dans la forêt ; Virunga. À cet instant, me rappelant les destructions d'arbres centenaires coupés en morceaux et débités en série, j'attrape mon ordinateur pour taper quelques mots-clefs dans la barre d'outils de Google Chrome.

« Ravage forêts Kivu 2023 ».

Tandis que défile la page internet, je réalise à quel point je suis resté à distance de la situation au Kivu depuis un an. Après mon retour du Congo et le montage final du film qui a suivi, j'ai enchaîné la réalisation de deux autres documentaires, l'un dans le golfe du Bengale en Inde sur la montée de l'océan, et l'autre en Mauritanie autour de la désertification. Par la force des choses, les questions congolaises m'étaient donc lointaines. Mais en parcourant la toile à présent, je m'aperçois qu'à part les regains de violence et l'intensification de la guerre entre les forces congolaises et le groupe armé M23, le Kivu est demeuré – comme souvent – sous les radars médiatiques.

Au bout de quelques heures passées à fureter d'une page à l'autre, une information de prime abord institutionnelle et terne attire mon attention. Il s'agit d'une annonce faite le 2 décembre 2023 lors de la COP28 à Dubaï : un partenariat international, qui rassemble notamment la France, les États-Unis et l'Allemagne, a été acté afin de soutenir la République démocratique du Congo et l'encourager à « conserver ses forêts, tourbières et zones clés de biodiversité tout en développant un modèle économique durable compatible avec le maintien du couvert forestier ». Selon le communiqué, ce partenariat comprend un financement « initial » de 65 millions de dollars.

Cette déclaration ne manque pas de me surprendre tant la somme paraît dérisoire au regard des enjeux.

À titre indicatif, selon la Banque mondiale, « les forêts de la RDC peuvent générer une valeur estimée entre 223 à 398 milliards de dollars par an, grâce au carbone stocké et aux services écosystémiques essentiels pour atténuer les effets des catastrophes et renforcer la résilience des communautés » locales. En revanche, ajoutent les experts de la banque, si ces forêts ne sont pas protégées, la perte de 40 % de leur étendue actuelle pourrait signifier que « la RDC deviendrait une source nette de carbone et non plus un puits. Le coût total pour le monde d'une telle perte de stock de carbone serait d'environ 95,3 milliards de dollars ».

Dans un tel contexte, il est assez légitime de s'interroger sur la signification d'un partenariat international pour accompagner la RDC dans la lutte pour la préservation de ses forêts et de ses tourbières avec une enveloppe de 65 millions de dollars de financement. Une goutte d'eau.

S'agit-il d'une énième incantation politique ou l'amorce d'un engagement concret et conséquent ? Et dans ce cas, quelle est la dotation complète prévue pour le fonds ? À quel horizon devra-t-il être abondé ? Comment sa gestion et son management seront-ils assurés ? Et qui en aura le contrôle ?

Toutes ces questions sont encore évidemment sans réponses à l'heure où j'écris ces lignes. Mais au-delà du financement et des modalités de gestion, un autre point m'intrigue dans l'annonce de Dubaï appelant à protéger la forêt et les tourbières de la RDC.

Faut-il comprendre par cette communication que le gouvernement congolais renonce finalement à exploiter les réserves de pétrole situées dans les forêts, les tourbières et les parcs nationaux du pays ? Car aussi paradoxal que cela puisse paraître, l'exploitation de ses gisements pétroliers est bien au cœur de la stratégie de diversification de la République démocratique du Congo. Pour le comprendre, il faut remonter quelque peu en arrière : au coup de tonnerre du 28 juillet 2022.

Ce jour-là, à Kinshasa, lors d'une cérémonie se déroulant devant un parterre de diplomates, de politiques et de représentants de l'industrie pétrolière, le président Félix Tshisekedi décrète officiellement la mise aux enchères de vingt-sept blocs pétroliers et trois blocs gaziers en RDC. « Nous ne devons plus nous contenter de célébrer le potentiel de la RDC, affirme-t-il alors, mais il nous revient de l'exploiter. »

L'annonce suscite aussitôt l'indignation des défenseurs de l'environnement. « Si ces terres sont exploitées un jour par des compagnies pétrolières, prévient Irène Wabiwa, responsable de campagne chez Greenpeace à Kinshasa, nous devons nous attendre à vivre une catastrophe climatique mondiale, et nous n'aurons que nos yeux pour pleurer. »

Faut-il préciser qu'un certain nombre de ces blocs se trouvent au cœur de parcs nationaux, de forêts communautaires et de tourbières. Or, les tourbières tropicales constituent un écosystème unique de zone humide, précieux et fragile, réparti sur les six pays du bassin du Congo, dont la RDC ; un écosystème stockant près de vingt-neuf milliards de tonnes de carbone, soit l'équivalent de trois années d'émission de gaz à effet de serre à l'échelle mondiale. L'un des plus grands puits de carbone de la planète.

Selon une enquête du *New York Times*[1], ce projet constitue « un revirement complet ». Huit mois seulement après la signature d'un accord sur dix ans pour la protection de la forêt tropicale du bassin du Congo, ajoute le quotidien américain, le gouvernement donne son feu vert à de nouveaux forages pétroliers au beau milieu d'écosystèmes fragiles. Selon le *New York Times*, « l'accord prévoyait, sur les cinq premières années, des investissements internationaux à hauteur de 500 millions de dollars à destination de la RDC. Mais depuis sa ratification, la communauté internationale a redéfini ses priorités immédiates ». Avec la guerre en Ukraine et les embargos sur le pétrole et le gaz russes, les cours du pétrole se sont envolés. Et la RDC en a pris note.

Exploiter les blocs pétroliers présenterait des risques majeurs : déforestation massive, destruction de la biodiversité, libération dans l'atmosphère de quantités astronomiques de carbone. Ce scénario catastrophe décrit par de nombreuses ONG est néanmoins resté sans effet. D'emblée, comme le révèle l'article du

1. *The New York Times*, « Congo to Auction Land to Oil Companies: "Our Priority Is Not to Save the Planet" », 24 juillet 2022.

New York Times, le gouvernement congolais s'est montré ferme et offensif : « Notre priorité n'est pas de sauver la planète », mais de générer de la croissance et de réduire la pauvreté, martelait Tosi Mpanu-Mpanu, négociateur de la RDC sur les questions climatiques et conseiller du ministre des Hydrocarbures.

Cette position, ainsi que l'ensemble du projet d'exploitation pétrolière lancé par Félix Tshisekedi, s'est donc révélée en absolue contradiction avec l'annonce du même gouvernement congolais quinze mois plus tard, à Dubaï, appelant à sauver la forêt, conserver les tourbières et préserver les immenses puits de carbone de la RDC.

Il est d'ailleurs assez intéressant de noter le changement de posture spectaculaire opéré par son président. Dans son discours de décembre 2023 pour le lancement du partenariat international, Félix Tshisekedi fit cette fois de la sauvegarde de la planète une priorité : « Nous reconnaissons l'importance de nos forêts en tant que puissants puits de carbone et leur rôle indispensable dans l'équilibre de la mégabiodiversité. Nous reconnaissons notre responsabilité de préserver ces trésors naturels non seulement pour notre peuple, mais pour l'humanité dans son ensemble. »

Mais alors, comment s'y retrouver ? Et lequel des deux Félix Tshisekedi dit vrai ? Le président attiré par les revenus du pétrole estimés à 32 milliards de dollars par an (soit plus de la moitié du PIB national) ou celui qui cherche à préserver l'environnement et ainsi lutter contre le réchauffement climatique ?

Soudain, je ne peux m'empêcher de m'interroger.

Me revient alors le souvenir de ma toute dernière soirée à Goma au terme de mon voyage en RDC, dans un restaurant animé, avec Guillaume et Joseph. Nous avions passé le dîner à engloutir des bières congolaises en passant en revue les différentes péripéties traversées pendant notre mois au Kivu. Un repas d'adieu, léger et joyeux, jusqu'à ce que la conversation se mette à glisser sur des sujets politiques et s'arrête sur la question d'actualité du moment, celle des vingt-sept blocs pétroliers et leur mise aux enchères deux mois plus tôt par Félix Tshisekedi. Alors que je débattais avec Joseph des risques environnementaux et de la cupidité du pouvoir, je vis son visage jovial progressivement se transformer. Il se mit à écouter mes critiques du gouvernement congolais le regard fermé, fixé dans le mien. À la fin de mon exposé, il laissa volontairement un silence s'installer, comme s'il désirait créer une tension. Au bout de longues secondes, il riposta.

— Ça ne te pose jamais de problème le « deux poids deux mesures » occidental vis-à-vis de l'Afrique, Guy ?

— Pardon ?

— Vous êtes en permanence en train de nous donner des leçons. Des leçons de démocratie et de gouvernance, comme des leçons sur notre façon de gérer nos ressources et notre environnement. Mais qu'avez-vous fait, vous-mêmes ? Comment vous êtes-vous développés, si ce n'est en utilisant nos ressources, nos minerais, notre pétrole en Afrique ou au Moyen-Orient ? Vous ne vous êtes pas gênés avec nos richesses pendant des années. La forêt a été détruite pour extraire nos matières premières et vous en avez largement profité. Et d'ailleurs vous continuez encore aujourd'hui. Le coltan, la cassitérite, le cobalt ou le lithium que vous utilisez pour fabriquer vos téléphones, vos ordinateurs ou vos batteries viennent de nos mines ici au Congo ! Et l'impact environnemental pour les exploiter ne vous pose visiblement pas tant de problèmes que ça. Alors comment pouvez-vous nous faire la leçon lorsque nous souhaitons nous aussi nous développer en exploitant les hydrocarbures qui se trouvent dans notre sous-sol ? Je ne suis pas en train de dire qu'il faut se foutre de l'environnement. Je ne suis pas non plus en train de dire qu'il faut que l'on exploite ce pétrole. Je ne suis absolument pas un fan du gouvernement congolais, de ses méthodes et de la corruption ambiante. Je suis juste en train de pointer du doigt ce double discours occidental permanent. Et cette hypocrisie est devenue insupportable pour nous, les Africains !

Un temps d'arrêt me fut nécessaire avant de rebondir. Il m'était évidemment difficile de lui donner tort.

— Je suis d'accord, Joseph. Le « deux poids deux mesures » est inacceptable. Et personne n'a à vous donner de leçons. Et ce n'était absolument pas mon intention. Et si j'ai pu donner cette impression, j'en suis désolé. Par ailleurs, j'ai moi-même, il y a des années, pour « Capital Terre », raconté la façon dont les minerais extraits dans le Nord-Kivu finissaient dans nos portables. Mais n'es-tu pas d'accord sur ce point : ce qui est en jeu aujourd'hui va bien au-delà du double discours de l'Occident ?

— Qu'est-ce que tu veux dire ?

— L'augmentation des températures. Le dérèglement du climat. La planète qui s'embrase. C'est quelque chose qui nous regarde tous, non ?

— Oui, c'est vrai. Mais alors dans ce cas, qu'on nous aide ! Je te rappelle qu'on est l'un des pays les plus pauvres du monde. Et par ailleurs, la forêt et les tourbières du Congo sont l'un des plus gros puits de carbone au monde. Alors on fait comment ? Si le monde entier se sent concerné, il faut aussi qu'il participe. C'est difficile d'entendre que nous ne devons pas exploiter nos ressources pétrolières pour éviter de relâcher le carbone, mais, en même temps, que nous n'avons droit à aucune compensation financière pour cela...

Il fait une pause et conclut par ces mots :

— Sinon, on en revient à ce principe simple que nous, les Africains, nous n'allons plus accepter : le « deux poids deux mesures » de l'Occident. Et il ne faudra pas s'étonner que l'on décide de se débrouiller seuls, avec nos méthodes, en allant comme bon nous semble puiser dans notre sous-sol.

Quelques mois après cette conversation, alors que le montage de notre film sur la déforestation au Kivu se terminait, le quotidien britannique *The Guardian*[2] a publié une information particulièrement surprenante concernant la mise aux enchères des blocs pétroliers congolais sous le titre : « *US firm to bid to turn DRC oil permits in Virunga park into conservation projects* ».

Dans son article, le quotidien britannique révélait qu'un fonds d'investissement américain basé à New York, EQX Biome, était en train de manifester son intérêt à proposer 400 millions de dollars pour la totalité des vingt-sept blocs pétroliers. Mais à en croire son président, Matthias Pitkowitz, il ne s'agissait en aucun cas d'exploiter le pétrole. L'objectif était d'en faire un projet de conservation de la forêt et des tourbières. Cette transformation générerait, selon lui, 6 milliards de dollars sur vingt ans par la vente de crédits-carbone. Une idée qui repose donc sur le système de monétisation du carbone – le crédit-carbone permettant à un pays ou à une entreprise qui ne parvient pas à remplir ses objectifs climatiques d'acheter les réductions d'émissions de CO_2 qu'elle génère et de les intégrer à son propre bilan. « L'argument présenté au gouvernement de la RDC, déclarait Matthias Pitkowitz au *Guardian*, est que ces zones doivent être protégées et qu'elles ont une valeur économique. Prouvons que nous avons une alternative à l'exploration pétrolière et fournissons un moyen de centrer l'économie du projet sur la conservation de la nature au lieu de la détruire au profit des industries

2. Patrick Greenfield, *The Guardian*, 1er mars 2023.

extractives. […] Les crédits-carbone sont aujourd'hui le seul moyen de monétiser la conservation des forêts. L'idée est que ces 400 millions de dollars permettront d'atteindre des résultats de conservation à grande échelle qui seront récompensés par des crédits-carbone, des crédits de biodiversité et, sur vingt ans, ils généreront beaucoup plus de recettes fiscales et d'emplois que les industries extractives. »

Cette proposition n'est, à l'heure où j'écris ces lignes, pas allée plus loin et le projet d'hydrocarbure en RDC reste en suspens. Si les trois blocs gaziers se situant dans le lac Kivu ont été attribués à des sociétés nord-américaines, les vingt-sept blocs pétroliers, eux, n'ont toujours pas été cédés.

En regardant les braises se consumer dans la cheminée, je me remémore soudain ce qui m'avait conduit à vouloir réaliser ce documentaire dans le Kivu. L'information m'avait fait froid dans le dos. Chaque minute, un hectare de forêt disparaît en République démocratique du Congo. Chaque. Minute.

Remerciements

Je tiens à remercier toutes celles et ceux qui m'ont accompagné dans cette aventure :

Guillaume Viart, chef opérateur et coréalisateur.

Les équipes de Flair production, mon producteur Guillaume Roy, mon « *sparring partner* » Thierry Hornet et Ronan Barbot pour la profondeur et la rigueur de ses recherches.

Artemis Africa et Cédric Muliri.

Et particulièrement Christophe Sommet entouré d'Annabel Gain et Vincent Le Goff, ainsi que les équipes de Ushuaïa TV qui a diffusé mon documentaire « Congo, Menace sur la forêt tropicale », dont ce récit est le prolongement.

Il convient de préciser, dans un souci de transparence, que des éléments de fiction ont été ajoutés, sans que cela entrave la vérité des faits, principalement afin de préserver l'anonymat de mon fixeur.

Achevé d'imprimer par Rotativas de Estella,
en mars 2024,
N° d'imprimeur : XXX
Dépôt légal : avril 2024

Imprimé en Espagne